내 마음이 불안할 때

작은 일에도 마음이 흔들리는 당신에게 필요한 심리 기술

내 마음이
불안할 때

제니퍼 섀넌 지음

신솔잎 옮김

빌리버튼 billybutton

당신의 삶을 전환시키는 책

좋은 책이란 무엇일까? 오랜 세월 그 답을 찾으려 노력했던 나는 이 책에서 해답을 얻었다. 독자에게 영향을 주는 좋은 책에는 세 가지 요소가 필요하다. 전문 지식과 해당 주제에 대한 독특한 시각, 책의 주제에 대해 전문가의 견해를 넘어서는 깊은 이해다.

이 책의 주제는 불안과 불안에 시달리는 삶이다. 저자의 고백처럼 제니퍼 섀넌은 불안을 누구보다 잘 알고 있다. 불안으로 고통받던 경험과 심리치료사로서의 경력을 통해 얻은 값진 교훈을 널리 알려주고자 한다. 그녀의 메시지는 우리가 살아가고 있는 지금 이 시대, 불안에 휩싸인 현대사회에 시의적절한 의미성과 시사성을 갖추었다.

저자는 이 책에서 불안을 새롭게 조명하며 읽기 쉬운 글로 불안과 그 치료법을 담아냈다. 불안의 원인을 비유한 몽키 마인드monkey mind는 고대로부터 전해내려오는 개념이나 그녀의 손에서 독창적이고도 신선하게 재탄생했다. 몽키 마인드의 세 가지 전제를 소개하고, 저자는 불안의 사이클을 끊어내고 진정시키기 위해 우리가 활용할 수 있는 다양한 전략을 제시했다.

저자가 불안 관리 전략을 이해하기 쉬운 글로 재밌게 풀어냈다고 해서 그 효과에 대해 의심해서는 안 된다. 이 책에 소개된 방법은 그저 말장난에 지나는 것이 아님을 입증하는 수십 년간의 조사와 연구 자료가 있다. 책에서 말하는 전략과 방법은 실제로 강력한 힘을 발휘한다.

이 책은 어떠한 불안이든 이겨낼 수 있도록 분명하고도 일관된 메시지를 전달한다. 만약 당신이 불안으로 고통받고 있다면 깊이 공감할 것이다. 몽키 마인드를 통제하는 데 그치지 않고 사람들이 저마다의 몽키 마인드를 극복할 수 있도록 책을 쓴 저자에게 깊은 감사를 보낸다.

- 마이클 톰킨스, 심리학자

우리는 불안과 헤어질 수 있습니다

"이 책은 불안과 걱정, 스트레스를 낮추기 위해 당신이 알아야 할 모든 내용을 완벽하게 담고 있습니다."

나의 이 대담한 약속은 결코 가벼운 마음으로 한 것이 아니다. 내가 이런 말을 할 수 있는 이유는 20년 넘게 불안 장애를 진료해온 심리치료사기 때문이다. 그리고 느긋하고 태평한 신경계를 타고나는 축복을 누리지 못했다. 그래서 나도 당신과 마찬가지로 불안과 걱정에 늘 시달려왔다.

　내가 기억하는 순간부터 나는 항상 불안했다. 밤마다 나를 괴롭히던 악몽과 원인을 알 수 없는 복통, 끝날 줄 모르는 걱정에 대해 일일이 나열하진 않겠다. 청소년이 되어서도 불안이 지속되자 나는 전문적인 도움을 받기로 결심했다. 내 심리치료사는 정신역동 치료, 흔히 말하는 '대화 치료' 전문가였다. 정신역동 치료는 우리가 가진 문제가 어린 시절의 경험에서 기인한 것으로 여겨 감춰진 원인을 끄집어내어 건강한 상태로 되돌리는 것이다. 몇 차례 진료 후 심리치료사와 나는 내 불안의 원인이 냉정하고 비판적인 아버지에서 기인했고, 그로 인해 내가 사람들의 비난과 비판에 대한 두려움이 커졌다는 데 의견을 모았다. 나는 심리치료사에게 위안이 되는 이야기를 많이 들었다. 심리치료를 받으면서 나는 내가 불안한 아이인 것은 맞지만 그것이 결코 내 잘못은 아니라는 결론을 얻었다. 그럼에도 불안은 쉽게 사라지지 않았다.

첫 공황 발작은 첫 아이 맥스가 태어나고 얼마 지나지 않았을 때였다. 공황 발작을 겪어본 적이 있다면 (성인 인구의 50퍼센트 가까이가 최소 한 번은 겪었다고 알려져 있다) 말로 표현할 수 없을 정도로 끔찍한 경험이었다고만 해도 충분히 이해할 것이다. 온몸이 엄청난 공포에 휩싸였고, 심장이 고동쳤으며, 괄약근이 풀려 실수를 할 뻔했다. 시야가 왜곡되었고, 귀가 잘 들리지 않았으며, 주변의 모든 것이 비정상적으로 보였다.

이후 하루에도 몇 번씩 갑자기 공황 발작 증상이 찾아왔다. 한밤중에 자다가 깜짝 놀라 눈을 뜨기도 했고, 이러다 미치는 게 아닐까 싶을 정도로 상태가 심각했다. 당시 나에게는 돌봐야 할 어린아이가 있었고, 심리치료사로서 커리어를 다시 시작할 준비를 하고 있었다. 내가 가장 소중하게 여기는 가족과 일이 공황 발작으로 인해 망가질까 봐 두려웠다. 잠도 거의 자지 못했다.

일상을 회복하기 위해 새로운 심리치료사를 찾았다. 심리치료사와 나는 신생아를 돌봐야 한다는 책임감이 내 불안을 촉발한 것 같다는 결론을 내렸다. 그래서 내 과거를 파헤치며 무엇이 나를 불안에 취약하도록 만들었는지 원인을 찾았다. 또 한번, 내 증상에 대해 도움이 되는 정보와 통찰력을 얻었지만 공황 발작은 사라지지 않았다.

심리치료사는 이완 훈련이 도움이 될 것 같다고 제안했고, 나는 매일같이 이완 훈련에 임했다. 마음을 편안하게 해준다는 영상을 수없이 듣고 따라하며 제발 다음 영상은 효과가 있길 바랐다. 하지만 아무리 노력해도 좀처럼 나아지지 않았다.

나는 몸의 긴장을 풀어주는 이완 트레이닝을 받으러 다녔다. 누구보다 의욕적으로 참여했지만 공황 장애는 해결되지 않았다. 절망적이었다. 공황 장애의 원인을 찾고 그것을 멈추기 위해 모든 것을 시도했지만 어떤 것도 효과가 없었다. 나는 심리치료사를 그만두어야 할 것 같다는 심각한 고민에 빠졌다. 내 자신의 문제도 해결하지 못하는데 어떻게 다른 사람들을 도울 수 있겠는가?

그러던 어느 날 동네 서점에서 내 눈을 사로잡은 책을 만났다. 리드 윌슨의 《패닉하지 마세요Don't Panic》였다. 당장 책을 집어 들고 읽기 시작했고, 몇 분 지나지 않아 나는 서점 통로에 서서 안도의 눈물을 뚝뚝 흘렸다. 드디어 내게 무슨 일이 벌어지고 있는지 이해하는 사람을 만난 기분이었다.

이 책을 읽고 공황 발작의 원인을 파헤치기보다 내가 어떻게 반응하는가가 훨씬 중요한 문제라는 것을 깨달았다. 공황 발작을 해결하기 위해 상황을 분석하고, 진상을 파헤치고, 이완 트레이닝으로 없애려 한 모든 일들은 공황 발작을 더욱 악화시키고 있었다. 그때부터 공황 발작에 완전히 다르게 반응했다. 공황 발작은 증상에 다르게 접근하자 어느새 완치되었다.

《패닉하지 마세요Don't Panic》는 내가 인지 행동 치료Cognitive Behavior Therapy, CBT의 세계에 첫발을 들여놓은 계기가 되었다. 인지 행동 치료는 문제가 어떻게 생겨났는지보다 왜 현재 지속되고 있는지에 집중하는 치료법이다. 개인적으로 효과를 체감한 후 나는 수많은 책과 워크숍, 분야에서 최고로 꼽히는 전문가들에게 상담을 받으며 인지 행동 치료의 세계에 깊이 빠져들었다. 원래 내가 몸담았던 분야에서 인지 행동 치료로 전문 분야를 옮기자 직무 효율부터 일에 대한 만족도까지 상상할 수 없을 정도로 높아졌다.

그로부터 한참 지나고 나서야 무엇이 문제를 지속시키는가에 초점을 맞추는 것이 불안과 우울증 치료에 더욱 효과적일 뿐 아니라 자아실현과 행복한 삶을 달성하는 데 크게 도움이 된다는 것을 깨달았다. 내 공황 발작처럼 특정한 문제에서 자유롭고 싶은 경우 외에도 좀 더 평화로운 삶을 영위하고 싶을 때도 큰 도움이 된다.

나는 불안 장애에 시달리는 이들에게 그들이 얼마나 행운인지 말해주곤 한다. 참을 수 있는 수준의 불안을 경험하는 대다수의 사람들에 비해 이들의 불안은 도저히 무시할 수 없을 정도로 심각하다는 점에서 행운이라고 말이다. 심각한 불안을 겪는 사람은 해결을 위해 적극적으로 도움을 찾아 나서기 때문이다. 나는 나의 내담자들에게 불안을 해소하는 방법뿐 아니라 앞으로 삶에서 어떠한 문제가 닥쳐도 헤쳐 나갈 힘을 가르쳐주려고 노력한다.

불안을 잠재우고 싶은가? 그렇다면 지금 바로 시작하길 바란다. 당신에게 필요한 모든 내용이 이 책에 담겨 있다.

- 제니퍼 섀넌

4장 안전함을 느끼는 곳을 찾을 것

5장 반대로 생각하는 연습

6장 불안함과 더 가까워지기

7장 걱정을 반갑게 맞이하는 법

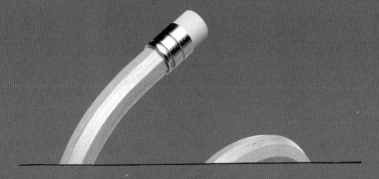

1장

내가 늘 불안한 이유

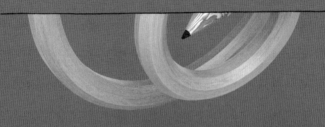

불안한 사람들의 공통점

두려움이라는 약물이 똑똑 떨어지는 링거를 달고 사는 기분을 느낀 적이 있는가?

　　오전 6시: 잠을 한숨도 못 잤네. 힘든 하루가 될 것 같아.

　　오전 6시 1분: 참, 애들 숙제 다 했는지 확인했던가?

　　오전 6시 2분: 제발 오늘 주식 시장이 괜찮아야 할 텐데!

　온종일 생각이 꼬리에 꼬리를 물고 이어지고 두려움은 가상의 링거 주사 통해 주입된다. 불안과 걱정에 휩싸일 때 우리 몸에서는 스트레스 호르몬이 나온다. 두뇌에서 당신을 위해 특별히 처방한 약물이다. 혼자 힘으로 불안을 해소해보려고 애쓰지만 상황은 악화될 뿐이다.

이 책은 당신이 왜 불안을 통제할 수 없는지를 알려준다. 그간 불안을 통제하기 위해 했던 일들이 도리어 불안을 지속시키는 원인이라는 점도 알게 될 것이다. 불안에 대한 저항, 도피, 외면은 두뇌에 잘못된 메시지를 전달한다. 이런 행동이 불안의 사이클을 더욱 가속화시켜서 결국 더운 큰 불안을 야기한다. 나는 이를 '원숭이에게 먹이 주기'라고 부른다. 여기서 원숭이란 아주 오래 전부터 전해져온 어지러운 인간의 마음을 몽키 마인드로 빗대어 설명한 데서 유래했다. 지금부터 자세히 설명해보겠다.

끽끽거리는 원숭이처럼 온갖 걱정이 우리의 머릿속에 시끄럽게 울려 퍼진다. 원숭이가 나뭇가지를 타고 이리저리 옮겨 다니듯 우리의 의식도 이리저리 옮겨 다닌다. 그럼에도 마음의 평안은 잡힐 듯 잡히지 않는다.

과잉 불안은 유전적 기질이나 트라우마가 원인이다. 원인이 무엇이든 오늘날 수백만 명의 사람들이 과잉 불안으로 고통받고 있다. 사람마다 불안의 강도와 발현되는 방식은 다르지만 누구에게나 해당하는 한 가지 공통점이 있다. 바로 안전함을 느끼지 못하면 마음의 안정을 찾지 못한다는 사실이다. 종種과 무관하게 모든 생명체의 가장 중요한 목표는 생존이다. 안전은 우리의 최고 우선순위다. 안전이 위협받는다고 느낄 때면 삶의 아름다움과 경이로움을 느끼는 것도, 자신의 열망을 좇는 것도, 그저 '현재의 순간에 집중'하는 것도 모두 부차적인 일이 된다.

몽키 마인드에 오염되다

....

현실이 어떻든 지금껏 당신은 세상이 안전하지 않다고 느끼며 살아왔다. 나처럼 날 때부터 불안을 쉽게 느끼고, 달리 해결할 방법이 없다고 생각하는 사람들이 있다. 왜 이런 상황이 되었는지를 이해하기 위해선 두뇌 속 '불안 통제 센터'라고 불리는 기관에 대해 살펴봐야 한다.

우리 뇌에는 아몬드 크기만 한 편도체가 있다. 편도체는 우리가 받는 위협을 즉각적이고 자동적으로 느낀다. 우리가 보고, 듣고, 느끼고, 만지고, 냄새를 맡는 모든 경험은 여행객들이 공항 검색대를 통과하듯 편도체를 거친다. 위협이 감지되면 편도체는 시상하부와 부신에 경고를 보내고, 이로 인해 호르몬과 신경학적 신호가 교감신경계로 전해진다. 그러면 심박수와 호흡이 높아지고 온몸으로 스트레스 호르몬이 분비되며 소화기관 작동 및 여타 불필요한 기능을 멈춘다. 몸이 생존모드에 접어드는 것이다.

생존 모드는 우리의 안전뿐 아니라 삶 전체를 좌우한다. 위협의 정도에 따라 심계항진, 땀 분비와 같은 불편한 신체적 감각을 경험하거나 공포, 분노, 수치심 등의 부정적인 감정을 느낀다. 부정적인 감정은 마음의 평온을 방해해 그 불편한 감정을 느끼는 것 외에는 다른 생각을 할 수 없도록 만든다. 우리의 두뇌가 부정적인 감정에 점령당하는 것이다.

우리가 마땅히 누려야 할 편안한 휴식과 즐거움, 꿈을 향해 나아가는 일 등의 고차원적 기능을 수행하지 못하고 있다면 이 경보 시스템이 지나치게 가동되고 있다는 의미다. 낮은 수준의 부정적인 감정, 즉 불안이라는 감정의 링거를 달고 살아간다는 뜻이다. 감정의 링거를 달고 살아가는 상태에서는 목숨만 붙어 있을 뿐 제대로 된 삶을 누리지 못한다. 삶에서 이루고 싶은 목표들은 위협이라는 이름에 가려지고, 편도체의 거짓 경보인 몽키 마인드에 오염된다.

왜 하필 원숭이일까? 두려움이나 불안은 우리가 무찔러야 할 괴물이자 쫓아내야 할 악마에 가깝지 않은가? 사실 그렇지 않다. 두뇌에서 불안과 두려움을 감지하는 영역은 당신의 안전을 최우선으로 여기며 부지런히 일한다. 다만 한 번씩 지나치게 날뛰고 예민하게 구는 것뿐이다.

point 안전이 위협을 받는다고 느끼면 우리 몸은 부정적인 감정을 동반하는 생존 모드에 돌입한다.

조치를 취하라는 원숭이의 외침

아침 출근길에 정신없이 횡단보도를 건너던 중에 트럭 한 대가 정지신호를 무시하고 당신을 향해 돌진하고 있다고 상상해보자. 그 순간 본능적으로 뛰어올라 간신히 트럭을 피했다. 심장이 미친 듯이 뛰고 손이 어찌나 떨리는지 들고 있던 커피가 넘쳐 소매가 젖었다. 순간적으로 위험을 피할 수 있도록 도와준 이것이 '투쟁 도피 반응'이다. 수천 년 동안 인간의 생존을 가능케한 시스템이다.

이 초기 경보 시스템은 무척이나 빠르고 강력하게 작동하여 뇌의 다른 기능을 모두 장악한다. 멍하니 횡단보도 신호를 응시하던 중이든, 조금 후에 참석해야 하는 미팅 생각을 하고 있던 중이든 당신이 집중하고 있던 대상이 한순간에 사라지고 위협에 대한 대처가 의식 중앙에 자리한다. 당연한 현상이다. 어쨌든 두뇌의 가장 중요한 역할은 생존이기 때문이다. 투쟁 도피 반응은 위협을 인지한 몽키 마인드가 무언가 조치를 취해야 한다고 보내는 신호다. 이 신호가 없다면 우리는 암벽에서 다이빙을 하고 뱀을 만지는 등 온갖 위험한 행동을 서슴없이 하고 있을 것이다.

몽키 마인드는 대인관계를 유지하는 데도 관여한다. 무기를 휘두르는 적이나 빠르게 달려오는 트럭과 같은 위협뿐 아니라 우리의 생존을 불안하게 만드는 사회적 위협도 감지해낸다. 유아기 때부터 인간은 부모님의 표정만 보고도 안전과 위험을 인지할 수 있다. 왜 그럴까? 인간은 피부도 얇고, 날카로운 이나 발톱도 없다. 맹수들의 눈에는 아주 쉬운 목표물이었다. 그래서 인간은 서로를 지키기 위해 함께 모여 살았다. 우리 선조들에게는 부족 내의 사회적 지위가 생존에 대단히 중요했다. 때문에 몽키 마인드는 당신의 사회적 위치를 보존하기 위해 애쓴다. 주변 사람들을 지켜보고 이들의 이야기를 들으며 당신이 존경받고 있는지, 사랑받고 있는지, 어딘가에 소속되어 있는지 신호를 긴밀히 살핀다. 이웃들과 소원해지거나, 남자친구와 언쟁을 하거나 혹은 당신이 속한 커뮤니티에서 비난의 대상이 되면 스스로는 인식하지 못할지라도 몽키 마인드는 부정적인 신호를 감지하고 경보를 울린다. 수치심과 함께 두려움이 의식의 중앙에 자리잡고 당신은 다른 사람들과 잘 지내야 한다는 경각심에 사로잡힌다.

불안을 만드는 원인, 몽키 마인드

....

죽음과 사회적 지위 박탈, 추방은 누구에게나 언제든 벌어질 수 있는 위협이었다. 나는 이를 원초적인 위협이라고 부른다. 이 원초적인 위협을 인지하는 능력은 상당히 중요했고 여전히 우리 두뇌 속 운영 체계에 각인되어 있다. 갓 걸음마를 뗀 아이에게 불에 손을 대거나 절벽으로 가선 안 된다고 가르칠 필요가 없다. 높은 장소나 시끄러운 소음, 쉬익쉬익 소리를 내는 뱀 등 위험한 상황을 잠재적인 위협으로 인지하는 능력은 누구나 타고났다. 선조들이 목숨 걸고 힘들게 배운 교훈들이 우리의 DNA 속에 남아 몽키 마인드의 위협 감지 능력이 되었고 인류는 생존할 수 있었다.

하지만 오늘날 몽키 마인드는 불안을 만드는 원인이 되었다. 왜 그런 것일까? 프로그래밍 되지 않은 무언가를 맞닥뜨릴 때 몽키 마인드는 그것이 위협인지 아닌지를 추측한다. 불안도가 높은 사람들의 경우, 몽키 마인드의 추측은 안전에 유리한 쪽으로 편향된다. 이 과정에서 수많은 오해가 탄생한다.

그렇게 달려오는 트럭을 간신히 피하고 난 뒤, 커피를 꼭 쥔채 보행 신호가 들어오길 기다리며 왜 이렇게 가슴이 두근거리는지 의아한 생각이 들 것이다. 미친 듯이 질주하며 다가오는 트럭의 모습이 또렷하게 남아 있지만 한편으로는 그런 사고가 일어날 확률이 극히 적다는 것 또한 잘 알고 있다. 보행 신호가 들어왔을 때 횡단보도에서 사고가 날 위험은 통계적으로 보면 상당히 적다. 그럼에도 불구하고 우리는 불안함을 느낀다. 몽키 마인드는 위험의 확률을 평가할 수 없기 때문이다.

무섭게 달려오는 트럭이 머릿속에 떠오를 때마다 몽키가 이를 알아채고 당신에게 닥친 위험 수준을 추측한다. 현재 상황을 분석하지도 않고(몽키 마인드는 분석할 줄 모른다) 경보를 울린다. 몽키 마인드가 두려움을 인식하면, 우리는 우리의 선조들처럼 아주 단순하고 원초적으로 생각한다. 불안을 느낀다는 것은 무언가를 해야 한다는 신호다. 몽키는 머릿속에서 '무언가 잘못되었어. 조치를 취해야 해!' 하고 시끄럽게 소리친다.

이때 당신의 반응은 과거에 학습된 반응을 따른다. 잠시 공포에 얼어붙은 채 다른 사람들이 안전하게 길을 건너는 것을 우선 확인하려 할 수도 있다. 그 일이 벌어졌던 횡단보도를 피해 다른 길을 택할 수도 있고, 아니면 겁에 질린 자신을 한심해하며 길을 건널 수도 있다.

불안이 우리를 지배하면 한심한 행동을 할 때가 많다. 투쟁 도피 반응이 활성화되면 체내 화학 작용과 호르몬, 감정이 두뇌를 지배하기 때문이다. 집행 두뇌라고 알려진 전액골 피질은 편도체에 비하면 코끼리만 하다. 전액골 피질은 인류 역사에서 위대한 인지적 엔진 역할을 해왔다. 〈햄릿〉을 탄생시켰고, 아이폰을 발명했으며, 어쩌면 언젠가 암 치료제도 개발해낼 주요 기관이다. 그럼에도 약간의 불안만 휘두르면 몽키가 이 코끼리를 깜짝 놀래켜 뒷발로 서서 코를 번쩍 들게 만들 수 있다. 우리가 아무리 똑똑하고, 아무리 명료한 시각을 갖추었다 하더라도 두려움이란 렌즈를 통해서는 모든 것이 왜곡되어 보인다.

긴장하면 저지르는 실수

몽키 마인드에 장악당하면 보통 두 가지 실수를 저지른다. 첫째로 위협을 과대평가한다. 오늘 횡단보도를 건널 때 거칠게 달려오는 트럭을 마주할 확률이 얼마나 될까? 사실상 제로에 가깝지만 우리는 몽키의 근거 없는 추측을 신뢰할 때가 많다. 트럭이 나를 향해 돌진하고 있다고 착각하며 불안해한다.

둘째로 자신의 능력을 과소평가한다. 몽키가 위험 경보를 울릴 때 찾아오는 부정적인 감정은 충분히 처리할 수 있고, 실제로 위험한 상황이 발생한다 해도 이를 잘 해결할 수 있다는 사실을 의심한다. 길을 건너거나 사다리를 오를 때 사고가 벌어질 수 있고, 어떤 일을 수행할 때 실패를 할 수도 있다. 말을 하다가 누군가의 기분을 상하게 할 수도 있다. 하지만 이런 위협들이 실제로 벌어진다고 해서 삶이 끝나지 않는다. 우리는 위기를 극복하고 회복한다. 실패에서 교훈을 얻고 나아간다. 몽키의 경보와 함께 밀려드는 부정적인 감정과 감각이 우리 삶을 멈추게 해서는 안 된다.

그러나 많은 사람들은 몽키 마인드에 장악당해 삶을 멈추고 만다. 잔잔하게 깔려 있는 배경 같은 불안에 마비되어 꿈을 향해 나아가지 못한다. 과거의 실수를 다시 떠올리고 앞으로 같은 실수를 반복하지 않기 위해 미래에 어떻게 해야 할지 고민하며 많은 날을 낭비한다. 이미 지나간 선택을 되짚고, 예전의 걱정을 다시 끄집어내며, 후회에 잠식되고, 어찌할 수 없는 일들에 집착한다. 이는 끝없이 이어지는 부정적인 감정과 '무언가 잘못되었어. 조치를 취해야 해!'라고 소리치는 몽키의 외침에 대한 반응이다.

이때 우리는 무슨 일이든 해야만 한다. 스마트폰을 확인하거나 TV를 켠다. 술을 마시거나 간식을 입에 넣고 온라인 쇼핑을 한다. 보고서에 실수가 없는지 삼중으로 체크한다. 동료가 부탁하는 일을 하고 싶지 않아도 거절하지 못하고 받아들인다. 몸에 난 점이 암이 아니라는 것을 확인하기 위해 인터넷에 증상을 검색한다.

이런 식으로 관심을 다른 곳으로 옮기는 전략은 그저 순간의 안도감만 전해줄 뿐이다. 몽키 마인드는 항상 지나치게 흥분한 상태로 언제든 당신이 반응하기만을 기다리고 있다. 명상을 시도했다가 좌절하며 포기했던 적이 있다면 지금 내가 하는 말을 이해할 것이다. 집중력이 흐트러지는 순간, 몽키가 슬쩍 당신이 불안해할 만한 무언가를 들이밀며 당신의 마음을 점령한다.

나와 몽키 마인드를 분리하기

....

몽키 마인드에 대한 저항은 부질없는 짓이다. 몽키 마인드는 아주 오래전부터 존재해온 두뇌 속 두뇌로 우리의 통제를 벗어나 맹목적이고 자율적으로 실행된다. 혼자 편안히 쉴 때, 사랑하는 사람의 품속에 있을 때, 자신의 꿈을 좇을 때처럼 그 순간을 온전히 즐기고 싶을 때마저도 몽키 마인드는 우리와 늘 함께한다.

맥이 빠지겠지만 이 사실은 우리에게 꽤 도움이 되는 이야기다. 이제 당신이 느낀 불안은 거짓 경보이고, 불안한 생각은 몽키의 수다라는 것을 알았으니 이미 치유가 시작된 것이나 다름없다. 몽키 마인드는 당신의 일부일 뿐 당신 자신은 결코 몽키가 아니다.

인지 행동 치료에서는 이를 탈융합defusion이라고 한다. 위협에 과민 반응하는 자신과 생각, 감정, 신체 감각을 인식하는 이성적 자신을 분리시키는 것이다. 내담자들을 치료하며 불안을 내면의 괴물이 아닌 자신의 역할을 다하려 하는 겁먹은 작은 원숭이로 개념화할 때 탈융합이 한결 쉬워지는 것을 몸소 경험했다.

이 책을 통해 불안에 잠식되기 쉬운 순간에도 명료하게 사고하고 행동하는 법을 깨우치게 될 것이다. 그러면 진짜 위협이 닥쳤을 때도 더욱 현명하고 유연하게 대처할 수 있다. 훈련을 계속 하다보면 불안을 덜 경험하고 당신의 가치를 되찾아 당신이 진정으로 바라는 방향으로 나아갈 수 있을 것이다.

몽키 마인드의 실체를 이해하는 것만으로도 불안에서 벗

어나 회복을 향한 여정의 첫 발을 떼었다고 할 수 있다. 이제 불안이 당신을 정의하지 않는다는 것을 깨달았을 것이다. 불안을 느끼는 영역은 통제 밖에 있는 당신의 일부다. 이제 두 번째 단계인 불안이 당신의 생각에 어떠한 영향을 끼치는지를 배워볼 차례다. 몽키에게 지배당할 때 당신의 관점은 어떻게 달라지는가?

point 불안을 회피하는 것은 해결책이 아니다. 나와 내 안의 겁먹은 작은 원숭이를 분리시켜야 한다.

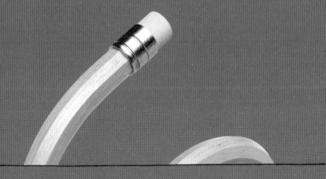

2장
불안을 지속시키는 태도 파악하기

우리가 불안을 느끼는 세 가지 전제

몇 년 전 어느 아침, 나는 10대를 위한 사회 불안 장애를 다룬 책을 쓰기 위해 노트북 앞에 앉았다. 책 한 권 분량의 글을 써본 적이 처음이어서 내가 정말 책을 집필하고 있다는 사실을 믿기 어려웠다. 심리치료사로서 매일 내담자들과 불안에 대해 대화를 나누지만 글을 쓰는 것은 또 다른 문제였다. 키보드에 손을 올리자 심장이 뛰기 시작하고 복부에서 긴장감이 느껴졌다. 키보드 위에서 방황하는 손을 보고 있으니 갑자기 손톱을 다듬어야 한다는 생각이 들었다.

내가 하고 싶은 말을 어떻게 풀어야 할지 모르겠어. 작가

처럼 글을 쓰려면 어떻게 해야 할까. 내 전제가 빈약한 거 아닐까? 내 아이디어가 책으로 쓸 만한 소재가 아니면 어쩌지? 완전히 잘못된 거면 어떡하지? 그러면 온 세상 사람들이 내가 사기꾼이라고 생각하겠지? 조사를 좀 더 해야 하는 거 아닐까? 좋은 글을 쓰지 못하면 독자와 친구들, 가족들 모두가 실망할 텐데. 나는 모든 사람들을 실망시킬 거야!

눈에 띄게 손이 떨리기 시작했다. 창밖으로 시선을 옮기자 뒷마당에 보이는 개똥을 치워야 한다는 생각이 들었다. 손톱 다듬기도, 개똥 치우기도 지금 당장 노트북을 등지고 해치울 만큼 중요하거나 급하지 않았다. 그러나 갑자기 이런 일들이 눈에 띄는 건, 내 몸과 뇌가 무언가 잘못되었다고 말하기 때문인 것이다. 나는 스스로 전문가라고 여겼던 불안에 사로잡혀 있었다.

그 날 아침, 내가 했던 생각을 되짚어보면 그 이면에는 세 가지 전제가 있었다. 첫째, 내가 글을 쓰려는 주제에 대해 확신이 있어야 한다. 둘째, 내가 틀렸을 경우 사기꾼으로 전락한다. 셋째, 좋은 책이 나오지 않으면 주변 사람들이 내게 실망한다.

이 세 가지 전제는 불안도가 높은 사람에게 쉽게 찾아볼 수 있다. (이 책을 읽고 있는 당신처럼 나도 불안을 잘 느끼는 사람이다.) 생존이라는 몽키 마인드의 가장 중요한 원칙을 바탕으로 하는 이 세 가지 전제를 나는 '몽키 마인드셋'이라고 부른다.

- **불확실함에 대한 두려움** : 100퍼센트 확실히 알아야만 해.
- **완벽주의** : 절대로 실수하면 안 돼.
- **과도한 책임감** : 모든 이들의 행복과 안전을 지켜야 해.

세 가지 전제는 말도 안 되는 기준이다. 이 기준에 따라 살려고 하면 불안을 더욱 느끼게 되고, 자신의 꿈을 이루기 위해 감수해야 하는 위험을 피하게 된다.

그 날 아침, 뒷마당에서 나는 '이 책을 쓰는 것은 내 꿈이었어. 그런데 왜 책은 쓰지 않고 개똥 치우는 삽을 들고 있는 거지?' 하고 잠시 생각했다. 몽키 마인드셋은 좀처럼 원하는 것을 이루도록 도와주지 않는다. 도리어 우리가 삶에서 갈망하는 대상을 쟁취하지 못하게 가로막는다.

세 가지 전제 중에 적어도 한 가지는, 어쩌면 세 개 모두 당신의 세계를 구성하는 바탕일지도 모른다. 특히 첫 번째 전제를 믿는 사람들이 상당히 많다. 만약 첫 번째 전제를 믿지 않는다면 불안도 생기지 않을 것이다.

---

point 불안을 만드는 세 가지 전제는 불확실에 대한 두려움, 완벽주의, 과도한 책임감이 있다.

불확실함을 견디기 어려운 사람의 마음

다가올 문제와 기회를 예측하고 미래를 계획하는 능력은 호모 사피엔스 두뇌의 진화에서 가장 중요한 변화다. 우리는 건강이나 재정, 가족 문제에서 미래에 펼쳐질 일을 미리 알고 싶어 한다. '내가 만약 병에 걸리면 어떡하지? 주가가 하락하면 어떡하지? 내가 사랑하는 사람들이 무사히 도착할까?' 이런 식으로 걱정은 끊임없이 이어지고, 우리는 다양한 상황에 대비해 계획을 세운다. 그렇다면 이성적인 계획이 걱정과 집착으로 바뀌는 순간이 언제일까?

몽키 마인드의 핵심 임무는 당신이 속한 곳에서 당신의 생존과 안전을 지키는 일이다. 이 임무는 모든 불확실성을 제거해야 완수될 수 있다. 몽키는 '우리가 모르는 것이 우리를 죽음에 이르게 할 수도 있다'고 생각한다. 그래서 모든 결과를 예측하고 통제할 수 있을 때만 마음 편히 쉴 수 있다고 느낀다.

하지만 우리가 확신할 수 있는 사실은 내일 태양이 떠오른다는 것뿐이다. 미래를 예측하고 통제할 수 있을 때만 마음을 놓을 수 있다면, 태양이 떠오르는 것 외에는 아무것도 확신할 수 없는 내일의 아침을 걱정하며 밤마다 잠을 설쳐야 할 것이다. 모든 걱정이 해소되기 전까지는 마음 편히 지낼 수도, 기쁨을 느끼지도 못할 것이다. 충분히 조사하고 조심해야만 올바른 결정을 내릴 수 있다는 생각에 선택의 순간마다 깊이 고뇌할 것이다. 새로운 것을 접할 때마다 안전하다는 확신이 없다면 무조건 위험하다고 추측할 것이다. 또 항상 벌어질 최악의 사태를 항상 대비하려 들 것이다.

그런데 이러한 사고방식에는 가혹한 대가가 따른다. 끊임없이 경계해야 하니 걱정과 스트레스에 시달린다. 밤에 잠을 자려고 누우면 생각은 더 많아진다. 올바른 선택을 내렸다는 확신이 필요하기 때문에 결정을 내리는 것이 어렵다.

대학이나 직장을 선택하는 등 중대한 결정 앞에서는 무력감을 느낀다. 신발 한 켤레를 고르는 것처럼 단순한 결정을 내릴 때도 장단점을 끊임없이 저울질한다.

불확실함을 견디기 어려워하는 사람은 문이 제대로 잠겼는지나 가전제품의 전원이 꺼졌는지 등을 강박적으로 확인한다. 또 지나치게 계획을 세우는 경향을 보이며 주말이나 휴가 때조차 '할 일 리스트'를 만든다. 리스트를 모두 완수하지 못하거나 계획대로 흘러가지 않으면 마음이 불편해지고 그 순간을 즐기지 못한다.

확신이 필요한 대상은 절대 줄어들지 않는다. 모든 상황에서 좋은 결과를 보장받아야 한다는 태도가 삶의 방식이 되면 삶 자체를 하나의 위협으로 대하게 된다. 삶을 확인하고, 분석하고, 평가하고, 통제하고, 정복할 대상으로 바라본다. 자신의 삶을 충실하게 살다가 문제가 생기면 해결하는 게 아니라 벌어질지도 모를 일을 염려하며 귀한 시간을 낭비한다.

100퍼센트 알아야만 한다는 사고방식

....

마리아는 신체적 감각을 민감하게 경험하는 증상을 겪고 있다. 보통 심장 근처에서 무언가 찌르는 듯한 통증, 머리에 압박이 가해지는 느낌, 눈앞에 불빛이 번쩍이는 현상, 팔다리 저림 등으로 나타난다. 이런 증상이 나타나면 그녀는 심장마비, 뇌종양, 망막박리, 신경학적 장애 등 심각한 질환의 전조가 아닐까 걱정했다. 불안을 덜기 위해 그녀는 증상을 면밀히 관찰해 인터넷에 검색하고 병원에서 정밀검사도 했다. 의사는 아무런 이상이 없다는 소견을 전했고 검사 결과에서도 건강하다는 진단을 받았다.

하지만 마리아는 신체적 증상을 살피고 검색하는 데 점점 더 많은 시간과 에너지를 쏟았고 이 때문에 삶은 엉망이 되었다. 응급실에 다녀온 후 그녀는 내게 말했다. "제가 경험하는 통증이 별 것 아니라는 건 알지만, 그래도 동맥류일 수도 있잖아요?"

마리아는 무작위로 찾아오는 감각이 병리학적 증상일 경우는 거의 없다는 것을 머리로는 이해하고 있었지만 그럼에도 확실히 알아야만 한다는 생각에 사로잡혀 있었다. 아무 이상이 없다는 것을 확인하기 전까지는 질병이라 짐작했고, 매번 심각한 질병인지 확인하는 과정에서 극심한 피로를 느꼈다. 마리아는 불확실성에서 오는 불안에 매몰되어 있었다.

불안 장애로 나를 찾아온 내담자들은 거의 마리아의 사고방식을 지니고 있었다. 확실히 알아야만 마음의 평안과 행복을 얻을 수 있다는 생각에 고통받았다. 아무리 대비를 해도 우리는 모든 결과를 통제할 수 없으며 삶은 항상 역경을 안겨준다. 그렇기 때문에 유연함과 회복력이 필요하다. 뿐만 아니라 삶은 우리에게 깜짝 놀랄만한 기쁨도 선사해 우리가 예측할 수 없는 기쁘고 평화로운 순간들이 찾아온다. 그러나 안타깝게도 자신이 확신하는 대상에만 열려 있는 사람들에게는 이러한 값진 순간도 헛되이 흘러가버린다.

무엇이든 확실히 알고 싶어 하는 사람들은 여러 문제를 겪는다. 편안히 휴식을 취하는 것이 어렵고, 자신의 의견을 내세우지 못하며 건강이나 가족, 재정에 대해 걱정한다. 또 지나치게 계획을 세우고 계획대로 진행되지 않을 때 화가 나며, 생각이 유연하지 못하고, 강박적인 행동을 보이며, 어떤 대상이든 과잉통제하려 든다.

예측할 수 없는 일을 아무리 대비해도 우리는 모든 결과를 통제할 수 없고 예측할 수 없는 고난이 나타나기도 한다. 그렇기 때문에 우리에겐 유연함과 회복력이 필요하다.

완벽주의자는 늘 불안하다

많은 사람들이 평범함에 만족하지 않고 높은 곳을 목표로 하며 살아간다. 우리가 발휘할 수 있는 가장 최고의 모습을 보여주고 싶어 한다. 이것을 완벽주의 사고방식이라고 생각하는 사람들이 있는데, 유감스럽게도 진정한 완벽주의자는 이렇게 생각하지 않는다. 몽키의 완벽주의 마인드셋은 목표를 반드시 이루어야만 한다고 여긴다. 완벽하지 않으면 실패라고 생각한다.

보통 도전 정신, 높은 목표, 약속된 보상 등에서 동기를 찾는 것과 달리 몽키 마인드셋을 가진 완벽주의자의 동기는 실패에 대한 두려움이다. 그래서 언제나 '망치면 안 돼'

라고 생각하며 다른 사람들과의 사회적 상호작용이나 업무 수행을 아무런 실수 없이 해낸 뒤에야 마음을 놓는다. 완벽주의 마인드셋은 집단 내에서 자신의 위치가 위험하다고 느낄 때 일어난다. 어떠한 결과가 가족과 친구, 동료, 상사에게서 부정적인 반응을 불러일으킬지도 모른다는 생각이 들 때 몽키는 경보를 울린다. 몽키에게 지위를 잃는 것은 곧 친구와 사람, 돈을 잃는 것이고, 어느 누구에게도 선택받지 못함을 의미한다. 당신의 생존에 지극히도 심각한 위협인 셈이다.

불안에 휩싸일 때 우리는 몽키 마인드에 빠진다. 위협을 과대평가하고, 그 위협이 실제로 벌어져 사람들에게 거절을 당한다 해도 이겨낼 수 있는 능력이 있음을 과소평가한다. 그 결과 당신은 무엇이든 조심해야 한다는 생각으로 점철되어 있다. 사회생활을 할 때도 대화에서 요점을 잘못 짚으면 안 되고, 심각한 경우 반드시 상황을 꿰뚫어보는 말이나 타인에게 웃음을 주는 말만 해야 한다는 데 사로잡힌다. 절대로 늦어서도 안 되고, 결코 상황이나 장소에 어울리지 않게 옷을 입어서도 안 되며, 구강 청결제를 잊어서도 안 된다. 사람들에게서 비웃음을 사서도 안 되고, 비난받을 행동을 해서도 안 된다. 좋은 인상을 남겼는지 항상 생각하게 된다. 사회적 관계는 카드로 쌓은 집처럼 재채기 한 번에 모든 것이 무너져내릴 수도 있다고 여긴다.

완벽주의자의 행동

....

몽키 마인드셋에 지배당하는 완벽주의자는 자신이 최고가 되면 누구도 비난하지 못할 거란 생각에 항상 최고를 목표로 한다. 하지만 나보다 나은 사람 또는 나은 사람이 될 가능성이 있는 사람이 항상 존재하는 만큼, 늘 자신을 증명해야 한다. 때문에 타인과 비교하며 자신이 다른 사람들만큼 또는 다른 사람들보다 더 나은 사람이라는 확신을 얻고자 한다.

하지만 자신의 기대에 미치지 못할 때가 더 많다. 완벽은 달성하기 어려운 목표다. 그래서 자신이 완벽한 척을 하는 사기꾼이라는 생각에 시달리며 다른 사람들에게 들키지 않기 위해 더욱 많은 노력을 기울인다. 야근까지 해가며 일하지만 마음은 여전히 불안하다. 최고의 자리에 올라야만 마음을 놓을 수 있지만 결코 그 자리에 도달하지 못한다.

그럼에도 우리는 완벽주의를 찬양한다. 성공한 비즈니스 리더들은 자칭 완벽주의자라 말하며 그것이 마치 명예의 훈장이라도 되는 것처럼 행세한다. 위대한 예술가와 뮤지션, 스포츠 선수들이 '완벽을 추구'하는 모습이 숭고하게 느껴지지만 사실 성과가 높은 사람들 중에 완벽을 목표로 한 사람들은 상대적으로 적다. 높은 이상을 목표로 하지만 자신이 기대에 미치지 못한다 해도 굴하지 않고 다시 도전할 뿐이다.

이와 대조적으로 완벽주의자들은 자신이 잘하는 일만 하며 섣불리 위험을 감수하지 않는다. 잘 해낼 수 있는 일만 맡아서 한다. 당신에게 주어진 위치에서 최고가 될 수 있을 거라 생각할 경우에만 팀에 합류한다. 자신 없는 일을 떠맡게 되었을 때면 가능한 할 일을 미룬다. 그래야 완벽하게 해낼 시간이 없었다는 핑계가 생기기 때문이다.

실수해서는 안 되기 때문에 안전한 길만 따르고, 목표를 향한 단계가 명확할 때에만 목표를 세운다. 자신의 경험 밖의 일이나 자신의 능력에 부담이 가는 일은 피하려 한다. 창의력에는 실험과 시행착오가 따르는 만큼 창의력을 필요로 하는 일은 회피한다.

실패는 언제나 두려움의 대상이다. 우리가 행하는 모든 선택과 행동에는 어느 정도의 위험이 내재되어 있다. 위험을 감안할 때 더욱 많은 선택권이 주어지고, 무언가 잘못되어도 해결하는 능력을 기를 수 있다. 그러나 실수하거나 실패할 특권을 포기한다면, 개인의 목표를 달성하기 위해 마땅히 필요한 위험을 감수할 수 없다. 이런 이유로 완벽주의는 불안뿐 아니라 우울, 미루는 버릇, 중독, 낮은 자존감과 같은 증상을 보인다.

쳇바퀴에 갇히다

....

몽키 마인드셋에 고통받는 에릭은 두 가지 문제 때문에 나를 찾아왔다. 회사에서 중요한 결정을 내리는 것이 힘들었고, 그로 인해 일주일에 60시간이나 근무하면서도 동료들에 비해 뒤처지고 있었다. 얼마 없는 개인 시간에는 사람들과 어울리는 대신 그의 표현대로 '집에 틀어박혀' 있기 일쑤였다. 최근 업무 성과에 스스로 부끄러움을 느꼈고 '멍청한 말을 하면 이미지가 나빠질까' 너무 두려워 회사 창업자 중 한 명이었음에도 사내 연간 파티에 참석하지 않았다.

두 가지 문제에서 공통으로 드러나는 에릭의 패턴을 찾는 것은 그리 어렵지 않았다. 그는 IT 사업 경영을 좋아한다고 말했지만, 자신의 일을 관중 앞에서 보여주는 하나의 퍼포먼스처럼 대하고 있었다. 파트너부터 문서 정리 직원까지 직장 내 모두가 무대 위에서 스포트라이트를 받고 선 그를 지켜보는 관중이었다. 한 번의 실수와 청중들의 비판이면 그는 무대에서 내려와야 한다고 생각했다.

대인관계 역시 비슷한 사고방식으로 접근했다. 몸집이 큰 에릭은 스스로 매력이 없다고 생각했다. 자신은 말주변도 없고, 상황에 어울리지 않는 이상한 말만 하는 것 같다고 여겼다. 다른 사람들은 서로 편안하고 자연스럽게 잘만 지내는 것처럼 보였다. 에릭은 깐깐한 청중들 앞에서 대본 없이 즉흥 연기를 펼치는 배우가 된 것만 같았고 사람들이 자신에게 가혹한 잣대를 들어 평가한다고 확신했다.

에릭은 쳇바퀴에 갇혀 있었다. 그는 매 순간 자기 자신을 증명해내야만 한다고 생각했다. 자신의 실수와 타인의 평가, 비난은 본인이 부족한 사람이자 실패자라는 방증이라고 여겼다. 자신의 단점은 인간으로서 결격 사유이자, 자신이 사랑하고 의지하는 사람들에게서 거부당할 이유라고 생각했다. 완벽주의라는 쳇바퀴를 열심히 달리면 타인에게서 거절당하는 일을 피할 수 있을 거라 믿었다.

완벽주의 사고를 지니고 있다면 아마도 당신만의 쳇바퀴를 돌고 있을 것이다. 당신의 지위를 위협하는 일이 끝없이 생기고, 전부 다 당신이 해결해야만 하는 문제처럼 느낄 것이다.

완벽주의자들에게는 몇 가지 문제가 있다. 지나치게 일을 많이 하고, (자신 없는 일은 시도하지 않기 때문에) 제 능력 이하의 성과를 보이며, 사람들이 자신의 진짜 모습을 본다면 사기꾼이라 생각할 거라고 믿는다(가면 증후군). 지난 실수를 자꾸 되새기고, 자존감이 낮으며, 해야 할 일을 미루고, 결정을 잘 내리지 못하거나 선택에 있어 지나치게 보수적인 모습을 보인다. 사회적 상호작용을 나눈 상황을 거듭 떠올리며, 수줍음이 많고, 한심해 보일까봐 또는 타인에게

혹독한 비난을 받을까봐 두려운 마음에 소극적인 모습을
보인다.

완벽주의자들은 지난 실수를 되새기고, 자존감이 낮으며, 해야할 일을
미루고, 결정을 잘 내리지 못하거나 선택하는데 어려움을 겪는 모습을
보인다.

내가 아닌 타인을 위해 사는 사람들

책임감이 있다는 말은 좋은 의미로 쓰인다. 책임감 있는 사람들은 집에서는 사랑하는 가족들을 정서적, 경제적으로 지원하며 건강하고 단란한 가정을 꾸린다. 일터에서는 핑계를 대는 대신 자신의 약점을 인정하고, 실수를 반성하고, 부족한 점을 배워나가며, 새로운 능력과 강점을 개발하고 승진도 잘한다.

사회에서 책임감은 더욱 평등하고 공정한 세상을 만들어 나가는 힘이다. 책임감으로 인해 우리는 빈곤과 환경오염 문제에 신경 쓴다. 책임을 진다는 것은 상황이 악화되도록 두는 것이 아니라 문제를 해결하기 위해 조치를 취하는 것이다. 조금 과도하게 책임감을 느낀다고 해서 문제가 될까? 아무리 좋은 것도 지나치면 해가 되는 걸까?

내 딸 로즈는 항상 부주의하고 무엇이든 잘 잊어버린다. 학창시절에는 아침마다 전쟁을 치렀다. 버스 도착하기 30분 전에 일어나 느긋하게 아침을 먹고는 허겁지겁 등교 준비를 했다. 타고나길 부주의하고 덤벙거리는 성격이라 코트며 점심 도시락, 숙제를 챙기는 것을 늘 잊었고, 나는 딸의 뒤를 쫓으며 '도와주기' 바빴다. 딸을 다그치고, 잊은 것은 없는지 묻고, 혼도 냈다. 최악은 딸아이가 중요한 과제를 집에 두고 가 낙제를 하게 될 상황이라고 전화가 와서 학교에 직접 가져다주기까지 했다.

어떤 사람들은 이 이야기를 듣고 좋은 엄마였다고 칭찬할지도 모른다. 사랑하는 사람에게 나쁜 일이 닥치지 않도록 지켜주는 게 맞으니까. 그렇지 않은가? 하지만 로즈가 책임감을 배우고 살아가는 데 무엇이 필요한지 깨달으려면 자신의 행동을 뼈저리게 후회하는 경험이 필요했다. 'F'를 받거나 어쩌면 해당 과목에서 낙제를 해봤어야 했다. 그래야 아이가 스스로 무언가를 깨달을 수 있었겠지만 나는 너무 책임감이 투철한 나머지 차마 그 꼴을 지켜보지 못했다.

타인의 행복은 내 행복이 아니다

....

나는 내 딸을 책임진다는 핑계로 도리어 나 자신에게는 무책임하게 굴고 있었다. 타인을 변화시킬 수 있다거나 행복하게 만들 수 있다고 생각하는 사람들은 보통 개인의 일상과 일터에서 번아웃에 시달린다.

'타인을 기쁘게 해주는 사람'이라 거절을 잘하지 못하고 선을 긋지 못하는가? 일의 마무리를 위해 항상 늦게까지 남아 있거나, 미리 준비를 해두기 위해 남들보다 일찍 출근하는가? 모두가 한 걸음 물러날 때 혼자서만 앞으로 나서는 자원봉사자인가? 당신에게 주어진 몫보다 더 많은 일을 해야 한다는 것을 알면서도 '다른 사람을 도와주기 위해' 나서는가? 사람들에게 당신은 언제나 믿고 의지할 수 있는 사람이라는 평가를 받는가? 가족 모임에서는 어떠한가? 참석한 사람들이 전부 만족스러운 시간을 보내는지 확인하느라 안절부절못하는 훌륭한 주최자의 역할을 하고 있는가? 내게도 그리 낯설지 않은 이야기다.

과도하게 책임감을 느끼는 사람들은 타인과의 관계가 망

가지는 것을 두려워한다. 상사나 동료, 친구, 친척, 아무런 관계도 없는 낯선 사람의 기분까지 신경 쓰며 모든 사람들에게 책임감을 느낀다. 이 과정에서 자신은 내팽개친다.

어쩌면 자신이 너무 많은 부담을 떠안는다는 생각에 타인에게 선을 그어보려 한 적이 있을 것이다. 선을 긋는 당신에게 사람들이 실망한 듯 보일 때 죄책감을 느끼거나 자기 자신이 이기적으로 군 것 같다는 생각이 들었는가? 상대방이 당신에게 화가 나면 당신 잘못이라고 생각하는가? 당신과 전혀 무관한 일로 화가 났다고 해도 과도한 책임감에 사로잡혀 당신이 무언가를 나서서 해줘야 한다고 생각할 것이다. 지나치게 책임감을 느끼는 사람들은 타인의 필요와 기대를 충족시키는 등 관계를 유지하기 위해 최선의 노력을 기울인다.

책임감을 느낄 필요가 없다는 말이 아니다. 우리의 건강과 안전을 위협하는 환경, 기아, 전쟁 문제를 해결하기 위해서는 모든 사람들이 마땅히 책임을 느껴야 한다. 하지만 세계적으로 굶주린 이가 사라지고 모든 나라가 평화로우며 환경이 좋아져야만 마음의 안정을 찾을 수 있다고 생각한다면 그것은 과도하게 책임감을 떠안은 것이다.

특히나 타인의 행복과 안전에 관한 문제일 때 과도한 책임감은 당신을 짓누르는 무거운 짐이 된다. 자신이 과도한 책임감에 얽매여 있다는 사실을 깨닫기가 가장 어려운 케이스이기도 하다. 우리는 서로 챙겨주고 도움이 필요할 때 기꺼이 손을 내밀어야 한다고 배우며 자랐다. 당신에게 소중한 사람이 잘못된 선택을 내릴 때 정확한 정보를 알려주고 대안을 가르쳐주는 것이 현명한 행동이라고 생각하는가? 당신이 사랑하는 사람이 아파하면, 이 사람이 괜찮아질 때까지 당신도 괜찮을 수 없는가?

과한 책임감이 불러오는 문제
....

책임감이 과한 사람들은 무엇이 자신의 통제 안에 있는지 아닌지를 잘 구분하지 못한다. 어떠한 갈등에 당신이 깊이 연루되어 있다 하더라도 문제를 해결할 방법이 없다면 그것은 당신의 책임을 벗어난 일이다. 나의 내담자인 사만다는 서른 살 난 알코올 중독자 아들 때문에 큰 괴로움에 시달리고 있었다. 지난 10년간 사만다는 아들의 밀린 집세를 대신 처리하고 중독 치료 시설에 보내는 등 알코올 중독으로 빚어진 문제를 해결하느라 모아둔 돈을 야금야금 써버리고 본인의 건강마저 등한시했다. 사만다는 달리 선택권이 없다고 느꼈다. 알코올 중독자인 아들이 어디선가 정신을 잃고 크게 다칠 수도 있었고, 일자리를 잃고 길거리에 나앉게 될 수도 있었다.

그녀는 이렇게 생각했다.

아들이 저 상태니 문제를 해결하기 위해 내가 뭐라도 해야 해. 아들이 나 자신보다 중요해.

내가 모른 척하면 마음을 다칠 텐데, 아들의 기분이 상한다면 내 잘못이야.

내가 충분히 막을 수 있었음에도 아무것도 하지 않아 아들에게 나쁜 일이 생긴다면 그건 내 잘못이야.

타인이 행복하고 안전해야 비로소 자신 또한 행복해질 수 있다고 믿는 사고방식은 끝없는 부담과 문제만 야기한다. 이는 누구도 감당하기 힘든 과도한 책임감에서 비롯된 것이다. 다른 사람을 행복하고 안전하게 보호하려고 노력할 수 있지만 이들을 변화시킬 수는 없다. 당신이 그럴수록 이들은 당신에게 더욱 의존하기만 할 뿐이다. 자신을 희생해 타인을 돌본다면 당신은 과도한 책임감을 떠안고 있는 것이다.

과도한 책임감을 느끼는 사람들은 다양한 문제에 시달린다. 다른 사람들보다 더 많은 일을 하고, 다른 이의 문제를 떠안으며, 자기 돌봄에 소홀해져 번아웃을 경험한다. 끊임없이 타인에 대한 걱정에 시달리고, 조언이 과한 나머지 사람들을 질리게 만들고, 자신의 잘못이 아닌 문제를 본인의 탓으로 돌리며, 타인에게 선을 긋는 것이 어렵고, 자기주장을 내세우지 못한다.

몽키 마인드셋은 무엇이든 확실히 알아야 하고, 누구보다 완벽해야 하고, 타인이 행복해야 내가 안전하고 안심하며 행복할 수 있다는 잘못된 전제를 바탕으로 하는 사고방식이다. 이 세 가지 전제는 모두 위협을 과대평가하고 위협에 대처하는 자신의 능력을 과소평가하는 데서 비롯된다. 감지된 위협을 실제라 믿고, 바로 잡아야 하는 문제로 여기기 때문에 발생한다.

지나치게 불안을 느끼는 사람이나 불안 장애에 시달리는 사람은 세 가지 사고방식 중 한 가지는 분명 갖고 있을 것이다. 확신에 대한 집착과 완벽주의 사고방식이 뒤섞여 있을 수도 있고 이 세 가지 특성을 모두 지니고 있을 수도 있다.

불안을 느끼면 이런 사고방식이 수면 위로 등장하기 때문에 우리는 이 사고방식이 불안의 원인이라고 여기기 쉽다. 생각을 바꾸면 모든 것이 바뀐다는 이야기를 들어봤을지 모르겠다. 하지만 상관관계와 인과관계는 분명 다르다.

몽키 마인드셋과 불안의 관계는 닭이 먼저냐 달걀이 먼저냐의 문제다. 중요한 것은 몽키 마인드셋과 불안 중 무엇이 먼저냐가 아니라 문제가 지속되는 원인이 무엇인가다. 당신이 불안을 잠재우기 위해 한 행동이 사실 몽키를 움직이게 하는 힘이었다.

point 불안에 사로잡힐 때 우리는 몽키 마인드셋에 사로잡힌다. 모든 결과를 확신해야만 하고, 완벽해야 하며, 타인의 감정과 행동에 책임을 느껴야 안전을 지킬 수 있다는 잘못된 전제에서 비롯된다.

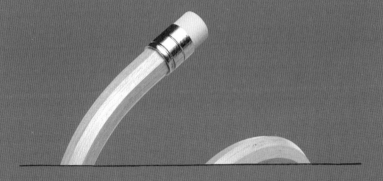

3장

불안은 어떻게 만들어지는가

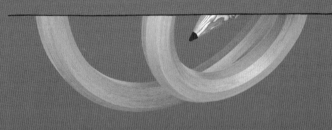

감정을 피하는 것은 해답이 아니다

불안을 설명하며 '이리저리 날뛰는'이란 표현을 썼던 것을 기억하는가? 이는 결코 과장이 아니다. 달려오는 트럭을 급히 피하는 것도, 중요한 결정을 미루는 것도, 아들이 술에서 깼는지 확인하려고 전화를 하는 것도 당신이나 사랑하는 사람의 당장의 안전을 지키기 위해 하는 행동이다. 부정적인 감정을 회피하고, 저항하고, 잠시 잊기 위해 반사적으로 하는 행동을 나는 '안전 전략safety strategy'이라고 부른다.

책을 쓰는 대신 조사를 하고, 손톱을 다듬고, 개똥을 치우는 것이 내가 택한 안전 전략이었다. 원초적인 위협, 즉 사회적 위치를 잃거나 집단에서 추방당할지도 모른다는 걱정에서 벗어나기 위해 선택한 행동이었다.

물론 내가 의식적으로 행한 것은 아니었다. 불안에 잠식당하면 자기지각self-awarness이 상당히 어려워진다. 우리는 불안에 대응하기 위해 무의식적으로 안전 전략을 취한다. '무언가 잘못되었어. 조치를 취해야 해!' 하고 외치는 몽키의 부름에 응하는 것이다. 몽키가 원하는 대로 따르면 몽키는 이리저리 날뛰는 것을 멈추고, 우리는 몽키가 주는 보상, 즉 안도감을 얻는다. 노트북을 닫고 자리에서 일어나니 기분이 한결 나아졌다. 긴장했던 복부가 편안해지고 심박도 정상 수준을 회복했다. 불안이 사라지고, 어쨌거나 무언가를 하고 있으니 묘한 위안도 얻는다. 조금만 쉬었다가 새로운 마음가짐으로 다시 글을 쓰는 편이 낫지 않을까?

불안의 사이클

....

몽키 마인드는 생각뿐 아니라 행동을 보며 위험한 상황이 닥쳤다는 것을 감지해낸다. 노트북을 닫는 행동을 통해 나는 몽키에게 '글쓰기는 내 생존을 위험하게 만드는 행동이야.'라는 메시지를 보낸 셈이다. 내가 위협을 인정하고 책을 쓰는 것이 위험한 행동이라는 몽키의 제안에 동의한 것이다. 몽키 마인드는 확인받는 것을 좋아한다. 2장에서 언급했듯이 몽키 마인드는 위험을 평가하는 능력이 없어 주로 어림짐작에 의존한다. 따라서 우리가 위협을 인정하는 것이 몽키에게는 보상이었다. 그동안 우리는 몽키에게 먹이를 주고 있었던 것이다.

그 날 오전, 글을 쓰기 위해 다시 자리에 앉았을 때 몽키가 어떻게 굴었는지 짐작할 수 있을 것이다. 또 한 번 불안한 생각과 감정이 쓰나미처럼 몰려들었다. 내 안전 전략이 불안의 사이클을 지속시키는 요인이었다. 사이클을 반복하며 몽키에게 먹이를 줄 때마다 미래에 닥칠 불안이 더욱 몸집을 키웠다.

불안의 사이클은 다음과 같이 진행된다.

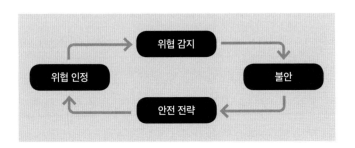

달려오는 트럭을 마주하는 상황에서 불안의 사이클은 큰 도움이 되지만, 우리가 일상적으로 마주하는 상황은 달려오는 트럭처럼 실제적이지 않다. 형편없는 책을 낸다고 해서 내 친구와 가족, 동료들 사이에서 지위를 상실하는 위협으로 작용할까?

그럴지도 모른다. 그러나 몽키는 위협을 감지할 줄은 알지만 위협의 정도를 계산하는 능력이 없다. 확률을 추측하고 위험을 평가하는 일은 두뇌의 다른 영역에서 행해진다. 몽키는 다만 추측할 뿐이다. 불안한 사람들이 그러듯 몽키는 안전을 최우선으로 두고 상황을 짐작한다. 몽키의 추측이 옳다고 내가 행동으로 보여주기까지 했으니 몽키가 자신의 생각을 달리 바꿀 이유가 없는 것이다.

몽키 마인드는 어린아이나 반려동물처럼 당신을 지켜보며 지시를 기다린다. '지켜본다'는 것이 중요하다. 몽키 마인드가 실행되는 두뇌의 영역은 우리가 말이나 대화로 의사소통을 할 수가 없다. 몽키를 설득하거나 안심시킬 수도 없고, 자신에게 주어진 임무를 향한 몽키의 집착을 분산시킬 수도 없다. 따라서 불안에서 벗어나는 유일한 방법은 행동으로 몽키의 경고를 무시하는 것뿐이다.

나는 불안함이 찾아와도 계속 글을 쓴다. 점차 몽키는 내가 책을 쓰는 일과 그에 동반되는 위험을 충분히 감당할 수 있다는 것을 이해하게 된다. 하지만 내가 몽키 마인드셋에 지배당할 때, 몽키가 추측한 '위협'에 동조할 때는 어떻게 해야 휘말리지 않고 하던 일을 계속할 수 있을까?

일시적이라도 몽키 마인드셋을 무시할 줄 알아야 안전 전략이 아닌 다른 전략을 취하는 시도를 해볼 수 있다. 우리가 안전 전략을 택할 때마다 몽키 마인드셋에 오히려 힘을 실어주기 때문이다.

불안은 우리의 행복을 가로막는다

....

어릴 때 소풍 가기 전날, 제발 비가 오지 않게 해달라고 기도해본 적이 있지 않은가? 소풍 날 아침 해가 쨍하면 열심히 기도한 덕분이라고 생각했을 것이다. 또 언젠가 엄마가 아플 때 '내가 엄마 말을 안 들어서 엄마가 장염에 걸리신 거야.' 하고 자신의 잘못이 아닌 일에 스스로 책임을 전가한 적이 있는가?

불안에 사로잡히면 우리는 아이처럼 생각하고 터무니없는 미신을 믿는다. 모든 결과를 자신의 행동과 결부시킨다. 안전 전략을 따라 미리 조치를 취했기 때문에 안전한 상황에 이르렀다고 결론 내린다. 이 사고방식이 '몽키 논리'다.

몽키 논리는 우리에게 실제적인 위협에 닥쳤을 때 더할 나위 없이 도움을 준다. 하지만 위협을 착각한 상황에서 몽키 논리는 그저 몽키 마인드셋을 뒷받침하는 말도 안 되는 이론일 뿐이다. 그 날 아침 나는 노트북을 닫으며 '나는 확실히 알아야만 해! 나는 절대로 실수해서는 안 돼! 나는 모든 사람에 대한 책임이 있어!'라는 전제를 사실로 인정하고 말았다. 우리가 몽키에게 바나나를 줄 때 몽키 마인드셋은 강화된다.

나는 몽키 마인드셋에 얽매여 안전 전략을 취한 덕분에 안전을 지킬 수 있었다. 틀리거나 실패하면 사람들을 실망시킬지도 모른다는 위험에서 벗어났고 사회적 지위를 상실한다는 최악의 상황도 예방했다. 하지만 내가 상상할 수 있는 최고의 행복 또한 스스로 가로막은 셈이었다. 바로 내 책을 출간하는 것 말이다.

나를 찾아오는 대부분의 고객들 역시 그들의 삶에서 벌어질 수 있는 가장 멋진 일들을 제 손으로 놓치는 사람들이다. 이들을 불안과 몽키 마인드셋에 갇히게 만드는 불안의 사이클에 대해 조금 더 깊게 살펴보자.

point

몽키 논리는 우리가 실제적인 위협을 당할 때 큰 도움을 준다. 하지만 위협이라고 착각한 상황에서는 몽키 마인드셋을 뒷받침하는 말도 안 되는 이론일 뿐이다.

걱정과 불안을 키우는 사이클

마리아는 신체의 작은 변화와 증상에 민감하게 반응하며 이것이 심각한 질환의 징조라고 걱정했다. 그리 활동적인 성격이 아닌 그녀는 정적인 생활 속에서 일상적인 통증이나 고통을 자주 느꼈다. 특히나 가슴에 전해지는 통증을 위협이라고 인지했다. 흉통이 있을 때면 심장마비를 의심한 그녀는 병원과 응급실을 수차례 오갔지만 가슴 근육이 결리는 증상이라거나 좀 있으면 저절로 사라질 경련 정도라는 소견을 받기가 일쑤였다.

이 같은 패턴이 늘 반복되었고, 마리아의 불안은 더욱 심해지기만 했다. 마리아의 몸은 하나의 전쟁터이자 너무도 불편해서 벗어나고 싶은 대상으로 전락하고 말았다. 마리아의 몽키는 안전에 위협이 찾아왔다고 경보를 울리느라 밤낮을 가리지 않고 바삐 움직였다. 몽키의 경보에 마리아가 계속 반응을 보인 것이 광란을 오히려 지속시키는 원인이 되었다. 자신의 안전을 확인하기 위해 어떤 행동을 취할 때마다 그녀는 진짜 위협이 닥쳤다는 것을 인정하고 몽키에게 잘 익은 바나나로 보상을 한 셈이었다. '마리아에게 심장 마비의 가능성에 대해 경고를 한 덕분에 병원에 가서 예방을 할 수 있었다고' 몽키 마인드는 결론을 내렸다.

이렇게 언제든 반복될 수 있는 마리아의 불안의 사이클이 완성되었다.

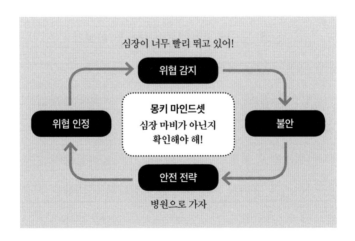

마리아는 몽키에게 바나나를 준 것 뿐만 아니라, 몽키의 사고방식으로 생각했다. 불안의 사이클을 완수할 때마다 확실히 알아야만 한다는 전제를 강화시켰다.

완벽하지 않으면 불안하다

....

에릭의 불안은 자신이 타인에게 존경받을 만한 사람인지 끊임없이 의심하는 데서 초래되었다. 관리직으로서 인정받기 위해선 일뿐만 아니라 사회생활도 완벽하게 해내야만 한다고 믿었던 그는 모든 일에 의심을 품었다. 사내 주요 소프트웨어 업그레이드 건으로 벤더를 선택해야 했던 일은 그의 성향을 여실히 드러냈다. 거래처마다 효율성을 내세우며 어필했지만 어떤 시스템을 선택하든 필연적으로 직원들은 적응 기간을 거쳐야만 했다.

에릭은 조직 내 자신의 위치를 지키기 위해서 올바른 선택을 해야 한다고 생각했다. 벤더 선택은 그의 몽키 마인드에게 원초적인 위협이었다. 자신이 고른 소프트웨어가 새로 익히기가 유난히 까다롭거나 직원들이 기대했던 만큼 훌륭하지 않다면 사실상 그의 선택은 실패로 간주되고 조직에서 추방당할 수도 있다고 여겼다.

그는 야근을 하며 다양한 선택지를 분석하는 것으로 자신의 불안을 가라앉히려 했다. 수많은 거래처 직원들과 인터뷰를 하고, 리스트를 작성하고, 각 선택지에 따른 결과를 분석했다. 몇 개월이나 야근이 이어졌고, 점차 인내심이 바닥나기 시작한 팀원들에게서 수많은 질문을 받았지만 그는 여전히 결정을 내릴 수 없었다.

에릭은 불안의 사이클에 매몰되어 있었다. 소프트웨어 선택이라는 주제가 떠오를 때마다 그의 몽키는 위협이 닥쳤다는 신호를 보내며 불안 경보를 발령했다. '제대로 선택해야만 해. 그러기 위해선 뭐라도 해야 한다고!' 그는 선택을 내리는 대신 거래처 한 곳에 다시 전화를 걸거나 조사를 다시 하고 장단점 리스트를 또 한 번 작성했다. 그가 이런 안전 전략을 취할 때면 잠시나마 불안이 잦아들었고 위기감은 낮아졌다.

안전 전략을 통해 에릭은 완벽하지 않은 선택을 내리는 일을 피할 수 있었지만, 결과적으로는 아무런 선택도 내리지 못하게 되었다. 몽키의 경보에 따라 선택을 미룰 때마다 그는 몽키에게 먹이를 주는 셈이었다. 에릭이 위협을 인정한 덕분에 몽키에게 의사결정은 위험한 일이라는 수식이 프로그래밍되어 더 많은 불안 경보가 울리게 만들었다.

몽키에게 먹이를 줄 때마다 그는 자신의 완벽주의 사고 방식을 강화했다. 몽키 논리에 따라 선택을 지연시킨 덕분에 아무런 실수도 저지르지 않았고, 안전을 지킬 수 있었다고 생각했다.

이렇게 에릭의 불안의 사이클이 만들어졌다.

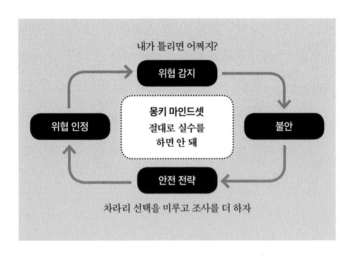

과한 책임감은 불안을 만든다

....

알코올 중독 아들을 둔 사만다의 불안의 사이클은 그녀에게 큰 고통을 불러왔다. 그녀가 인지하는 위협은 실재적이었다. 하나뿐인 아들은 일자리와 집, 삶을 잃을 위험에 처했다. 세상에 어떤 부모도 불안을 느끼지 않을 수 없는 상황이었다. 하지만 아들의 생활비와 늘 실패로 돌아가는 재활시설 입원비를 충당하느라 사만다가 모아둔 노후자금은 바닥을 드러낼 지경이 되었다. 그녀는 혈압이 높아졌고 잠도 제대로 자지 못했다. 의사는 그녀에게 자기 자신을 제대로 돌보지 않는다면 결국 아들을 도와주고 싶어도 도울 수 없는 상황이 올 거라 조언했다. 아들을 출산한 지 30년이나 되었음에도 그녀는 어떻게 이렇게 높은 수준의 모성 불안(임신 출산을 경험한 엄마들이 경험하는 불안-옮긴이)을 경험하는 것일까?

이 질문에 답하기 위해선 사만다가 일상 속에서 인지하는 위협에 대해 살펴봐야 한다. 한동안 아들에게서 소식을 듣지 못하면 사만다의 머릿속에 끔찍한 장면이 떠올랐다. 귀에서 피를 흘린 채로 정신을 잃고 쓰러져 있는 아들의 모습 등 괴롭기 그지없는 장면이 자꾸 그려졌다. 이런 이미지가 떠오르는 것은 정상이고, 이미지가 떠올랐다고 해서 전보다 위협이 더욱 커지거나 가까워졌다는 징조도 아니다. 그렇지만 떠오른 이미지를 본 몽키는 즉시 경보를 울리며 사만다를 가슴이 무너져내리는 불안으로 밀어 넣었다. 사만다는 '아들이 정신을 잃은 상태라면, 빨리 치료를 받아야 하는 상태면 어떡하지? 내가 뭐라도 하지 않으면 아들이 죽을지도 몰라' 하는 생각과 함께 불안에 잠식당했다.

이후 그녀가 한 일은 반사적인 행동에 가까웠다. 그녀는 아들의 상태를 확인하기 위해 전화를 걸었다. 아들이 전화를 받으면 그제야 안심하고 불안에서 벗어났다. 이것이 사만다의 안전 전략이었다. 아들의 안전을 지키고자 했던 그녀는 짜증난 목소리로 퉁명스럽게나마 대꾸하는 아들의 목소리를 듣는 순간, 다시 숨을 쉴 수 있었다.

전화를 걸어 아들이 무사히 지낸다는 것을 확인하는 일련의 행동을 통해 사만다는 몽키에게 감지한 위협이 실제였고, 아들이 정말로 피를 흘리며 기절했을 수도 있었다는 메시지를 전달했다. 그녀는 불안을 느낀 덕분에 아들을 구했다고 생각하게 되었다.

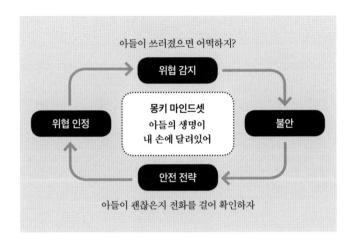

몽키에게 바나나를 주며 사이클을 작동시켰고, 사이클이 한 번 끝날 때마다 사만다는 위협을 인정하는 것뿐 아니라 몽키 마인드셋을 강화했다. 그녀는 아들의 생존이 자신의 책임이라는 몽키 논리를 만들었다.

위험을 느끼고 안전 전략을 취하며 불안의 사이클을 작동시킬 때마다 몽키 마인드셋은 확고해진다.

불안과 마주하는 심리 훈련

불안의 사이클을 시각적으로 표현하는 것은 불안을 해소하는 데 매우 효과적인 심리 훈련이다.

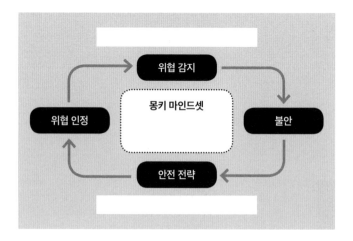

당신을 불안하게 하는 상황부터 떠올려보자. 마리아처럼 신체적 증상에 관련한 것일 수도 있고, 회사에서 마주하는 상황이나 가정 또는 가족과 관계된 일일 수도 있다. 상황이 떠올랐다면 다음의 세 가지 질문에 답을 해본다.

- 내가 두려워하는 것은 무엇인가?
- 내가 두려워하는 일이 실제로 벌어졌을 때 일어날 수 있는 최악의 상황은 무엇인가?
- 이 일이 나 자신과 내 삶, 내 미래에 어떤 영향을 미치는가?

이 질문에 대한 답으로 당신이 감지한 위협이 무엇인지 파악할 수 있다. 위 질문의 답변을 떠올리면 어떤 기분이 드는가? 어떠한 부정적인 감정과 감각이 찾아오는가? 신체 어느 부위에서 느껴지는가? 하나씩 답변을 기록해본다.

두려운 상황을 떠올릴 때 자신이 어떤 생각을 하고 또 어떤 감정을 느끼는지 파악했다면 다음 질문으로 넘어간다. 내가 어떻게 해야 최악의 상황이 벌어지는 것을 막을 수 있을까? 이 행동이 당신의 안전 전략이다. 여기까지 기록했으면 불안의 사이클이 거의 완성된 셈이다.

안전 전략을 취할 때 세 가지 전제 중에 몇 가지가 발현되는가? "나는 100퍼센트 확신을 가져야만 한다", "나는 절대로 실수를 저질러선 안 된다", "나는 모두의 행복과 안전에 대한 책임이 있다" 이 세 가지 전제 중 가장 근접한 것을 고르면 된다.

마리아와 에릭, 사만다 모두 자신이 원했던 삶을 살지 못하고 있었다. 몽키 마인드셋은 점수판 한 가운데를 맞춰야만 한다고 생각하는 궁수와도 같다. 표적 정중앙을 벗어난 것은 모두 실패라고 간주하는 것이다. 가운데에 있는 안전이라는 원 안으로 화살이 들어가야만 만족할 수 있고, 만족도 잠시 다음 화살이 표적 정중앙을 맞히지 못하고 '실패'한다면 금세 불안해진다. 전부 아니면 전무라는 이분법적인 사고방식으로 접근한다면 우리는 아무것도 얻지 못할 것이다.

---

point 당신이 어떤 상황에서 불안을 느끼는지 불안의 사이클을 시각적으로 표현하는 일은 불안을 해소하는 데 효과적인 심리 훈련이다.

불안에 현명하게 대응하는 법

안전 전략과 몽키 마인드셋의 목표는 위험을 제거하는 것이다. 그러나 어느 정도의 위험 없이는 새로운 경험도 배움도 불가능하다. 우리의 생각과 행동, 불안의 정도는 고착화되고 예측 가능한 선 안에서만 머문다. 그러다 보면 자신이 진정으로 바랐던 열망을 서서히 잊게 된다.

에릭은 자신이 직접 세운 회사로 출근하는 것을 두려워하기 시작했다. 자신이 다니는 병원에서 멀리 벗어나는 것을 상상조차 할 수 없었던 마리아는 가장 좋아했던 일인 여행을 포기해야 했다. 아들에 대한 책임감으로 통장 잔고와 건강이 바닥을 치던 사만다는 은퇴를 꿈도 꿀 수 없는 처지가 되었다. 불안의 사이클 내에서는 삶의 기쁨은 사라진다. 세상은 더욱 좁아지고 편협해진다.

"몽키 마인드는 삶에는 생존 외에도 다양한 가치가 있다는 것을 깨닫지 못하나요?" 이렇게 물을 수도 있다. "내게 진정으로 중요한 것이 무엇인지 이해 못 할 정도로 원시적이고 멍청한가요? 몽키 마인드는 무언가를 느끼거나 깨닫지 못하나요? 내가 원하는 것을 이룰 수 있도록 몽키 마인드가 불안을 진정시켜 줄 수는 없나요?"

몽키 마인드는 그런 능력이 없다. 몽키 마인드를 설득시키는 일은 불가능하다. 단순하고 원시적이라 큰 그림을 볼 줄 모른다. 몽키는 세계를 아주 좁고 편협한 시각으로 본다. 무엇이 위협이고 아닌지를 구별하는 기준은 단 하나다. 당신의 행동을 보고 판단할 뿐이다. 몽키에게 지배받고 싶지 않다면, 당신이 변화해야 한다.

이것만은 약속할 수 있다. 불안에 반응하는 대신 현명하게 대응하는 법을 배운다면 불안에 대한 회복력이 커질 뿐 아니라 당신 앞에 무한한 가능성이 열릴 것이다. 새로운 경험과 배움이 당신의 세계를 확장시킬 것이고, 지금 당신이 상상하는 것 이상으로 삶이 풍요로워질 것이다.

그러나 새로운 변화를 시도하기 전에 우선 지금껏 자신이 어떤 행동을 해왔는지를 분명히 깨닫는 것부터 시작해야 한다. 4장에서는 불편한 감정을 회피하고 안전을 지키기 위한 당신의 전략이 무엇인지 파악하는 법을 배워볼 것이다.

---

point

불안에 예민하게 반응하는 대신 현명하게 대응하는 법을 배우면 불안에 대한 회복력이 커지고 당신 앞에는 무한한 가능성이 열리게 된다. 또한 새로운 경험과 배움은 당신의 세계를 확장시킬 것이다.

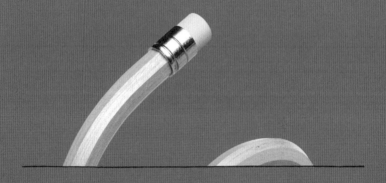

4장

안전함을 느끼는 곳을 찾을 것

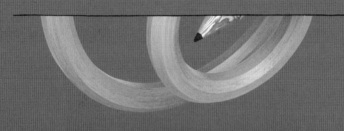

보상은 결코 문제를 해결하지 못한다

마트에서 과자를 사달라고 떼를 쓰는 아이를 달래려 어쩔 수 없이 아이에게 과자를 사주는 부모를 본 적이 있을 것이다. 어쩌면 당신이 바로 그 부모 중 한 명이었을 수도 있다. 지켜보는 사람들은 물론 부모조차도 이런 식의 거래가 큰 효용이 없다는 것을 잘 알고 있다. 잠시나마 작은 평화가 찾아오겠지만 아이는 마트에서 울면 과자를 먹을 수 있다는 메시지를 얻었기 때문이다.

몽키 마인드에게 계속 보상을 제공하면서 불안에서 벗어나기를 기대하는 것은 어불성설이다. 당신을 괴롭히는 불안에서 정말로 자유롭고 싶다면 현재 몽키에게 어떤 식으로 보상을 제공하고 있는지 순차적으로 생각해봐야 한다.
가장 쉬운 방법은 일상을 자세히 관찰하는 것이다. 당신은
언제 불안을 느끼는가? 위협에 조치를 취하라는 몽키의 요
구에 어떻게 반응하는가?

예컨대 출근길에 극심한 교통 체증에 갇혔다면 운전 스
타일이 달라지는가? 약속에 늦었을 때 표정이나 태도가 눈
에 띄게 바뀌는가? 당신의 의견과 다른 사람에게는 어떻게
반응하는가?

지금 당장 자신의 무언가를 변화시킬 필요는 없다. 좋다,
나쁘다 판단 없이 그저 자신의 행동과 말을 관찰하고 지켜
본다. 현재 사용하고 있는 안전 전략을 파악하는 것만으로
도 자유를 향해 크게 한 발 내딛을 수 있다. 안전 전략을 인
식하는 것이 몽키 마인드를 마주하는 것이기 때문이다. 이
때 당신과 몽키 사이에 거리가 생기며 서로를 분리해서 인
식할 수 있다.

안전 전략 파악하기

....

이 실험이 단순해 보인다고 해서 절대 우습게 봐서는 안 된다. 나를 찾은 내담자들은 처음에 무엇이 자신의 안전 전략인지 구분하는 데 애를 먹었다. 아마 당신도 비슷한 경험을 할 것이다. 안전 전략은 우리의 일상에 완벽히 녹아들어 있을 뿐 아니라 너무도 당연하게 여기는 행동이라 잡아내기가 쉽지 않다. 하지만 한 번 감을 잡으면 눈에 속속들이 보이기 시작한다. 솔직한 태도로 임한다면 당신이 일상적으로 했던 행동들 중 얼마나 많은 행동이 불안을 지속시켰는지 깨닫고 충격을 받게 될 거라 확신한다.

자, 그렇다면 우리가 찾아내야 할 것이 무엇일까? 물론 진짜 위험한 상황을 피하기 위해 하는 행동은 해당하지 않는다. 하루에 세 번 양치를 하고 신호를 잘 지키는 것을 말하는 것이 아니다. 이 책에서 말하는 안전 전략이란 불안을 낮추거나 잘못 인지한 위협을 해소하기 위해 취하는 행동이다. 우리는 위협을 실제보다 과대평가하거나 위협이 닥쳐도 잘 해결해나갈 능력이 있음에도 과소평가한다. 때문에 위협을 상쇄하기 위해 행하는 것이 바로 안전 전략이다.

그러나 불안이 무언가 잘못되었다고 비명을 지르는 몽키의 착각에서 비롯된 것인지, 아니면 정말 해결해야 할 일이 있다는 신호인지 가늠하기 쉽지 않을 때가 많다. 몽키 마인드셋에 사로잡히면 판단력이 흐려진다. 최악의 상황이 실제로 벌어질 때에도 우리는 위협을 과대평가하고 위협에 대처하는 자신의 능력을 과소평가한다.

무엇이 몽키에게 바나나를 주는 안전 전략인지를 파악하는 데 두 가지 기준을 참고하면 된다.

1. 일시적인 안도감만 제공하는 행동을 반복한다.
2. 이 행동은 삶의 목표 및 가치에 부합하지 않는다.

'같은 행동을 반복하는가?'라는 질문으로 미심쩍은 전략의 실체를 확인할 수 있다. 안전 전략은 불안의 사이클을 구성하는 일부다. 눈앞의 불안을 해소하기 위해 장기적인 이익을 희생하거나 자신이 중요하게 여기는 가치에 반하는 행동을 하고 있는가? 그 행동이 바로 당신의 안전 전략이다.

당장의 불안을 해소하기 위해 장기적인 이익을 희생하거나 중요하게 생각하는 가치에 반대되는 행동을 하고 있을지도 모른다. 그 행동이 바로 당신의 안전 전략이다.

불안이 줄어든다는 착각

몽키에게 먹이를 주는 안전 전략에는 두 가지 유형이 있다. 첫 번째는 행동 전략이다. 낯선 사람들과 어울리는 것이 불편해 파티에 참석하지 않는 것처럼 분명하게 드러날 때도 있고, 파티에 참석하지만 먼저 사람들에게 다가가는 대신 누군가 다가와주길 기다리는 것처럼 미묘한 방식으로 표출될 때도 있다. 내가 글을 쓰는 대신 잡다한 일에 손을 대는 것도, 에릭이 선택을 회피하는 것도, 마리아가 증상을 구글에 검색하는 것도, 사만다가 아들의 상태를 확인하는 것도 모두 행동적 안전 전략에 해당한다.

두 번째 전략은 행동으로 드러나지 않는다. 불안을 떨치기 위해 우리가 취하는 심리 전략이기 때문이다. 파티에서 누군가와 대화를 하기 전에 어떤 말을 할지 머릿속으로 준비하거나, 다음 날 문득 간밤의 파티에서 자신의 언행을 떠올리며 한심하게 보일만한 것은 없었는지 되짚어보는 것을 말한다.

일반적으로 나타나는 심리적 안전 전략은 머릿속으로 자신이 잊지 말아야 할 내용을 리스트로 정리하거나, (가령 가스가 잠겼는지 확인하는 등의) 중요한 무언가를 잊지 않고 했는지 자신의 행동을 되풀이해서 재생하고, 심리 상태에서 비롯된 신체 증상을 질환이나 공황 발작이 아닌지 의심하고 관찰하는 것 등이 있다. 하지만 무엇보다 가장 일반적인 심리적 안전 전략은 바로 걱정이다.

걱정이 안전 전략이라니 의구심이 들 수 있다. 걱정이 우리의 불안을 덜고 안전을 보장해주지 않기 때문이다. 처음 책을 쓰겠다고 결심했을 때 내 글쓰기 실력은 물론이고 내가 전달하고자 하는 메시지가 새로운 아이디어인지, 정확한 정보인지 늘 걱정했다. 고등학교와 대학 시절, 글을 쓸 일이 있을 때마다 얼마나 고생했는지 새삼 떠올랐다. 남편은 내 문법과 맞춤법 실력이 별로라고 놀릴 때가 많았다. 내 머릿속에 있는 아이디어를 명료하게 글로 표현하는 일은 늘 어려웠다.

내가 이런저런 걱정을 한 덕분에 이상한 글을 쓸지도 모른다는 불안에서 벗어났던 걸까? 아니다. 걱정은 내게 실제로 닥친 위험을 외면하는 데 도움이 되었다. 문제를 어떻게 해결해야 할지 걱정하는 동안 내가 진짜로 두려워하는 대상을 잊을 수 있었다. 무엇을 어떻게 써야 할지 고민하는 것이 형편없는 책을 출판하면 내 자신은 물론 주변 사람들을 모두 실망시킬 수도 있다는 가능성을 수용할 때 느낄 고통보다 나았던 것이다.

이런저런 걱정만 하기보다는 글을 쓰기 시작하는 편이 내가 하고 싶은 말을 명료하게 정리하는 데 도움이 되었을 것이다. 내 글이 책으로 출판할 만한 가치가 없다 해도 나는 그 현실을 견뎌냈을 것이다. 내가 느낀 위협은 단순히 몽키가 감지했던 것으로, 내가 걱정을 시작하면서 위협이 사실임을 인정한 꼴이 되었다. 걱정을 할수록 내 머릿속 몽키에게 동조하는 셈이었다. 몽키와 나는 책을 쓰는 것은 위험한 일이고, 내 지위를 상실하게 만드는 일이 될 거라는 점에 동의한 것이다.

　걱정은 너무도 일상적인 일이라 우리가 걱정을 하고 있을 때조차도 그것을 인지하지 못한다. 머릿속으로 똑같은 문제를 계속해서 생각하고 떠올린다고 해서 문제가 해결되는 것도, 사라지는 것도 아니다. '걱정은 무언가 잘못되었어. 조취를 취해야 해'라는 몽키의 경보에 따른 본능적인 반응이다. 걱정이 바로 그 조치인 셈이다.

　행동적, 심리적 안전 전략이 실제로 잠깐이나마 불안을 경감시킨다는 것만은 분명하다. 안전 전략은 몽키가 감지한 위협과 위협이 촉발한 불안을 해소하는 데 도움이 된다. 몽키의 경보가 믿을 만하다면 안전 전략을 분석할 필요도 없을 것이다. 위협이 진짜이고, 그래서 불안을 느낀다면 그때는 안전을 지키기 위한 행동을 취하면 될 테니까 말이다.

　하지만 몽키의 추측을 신뢰할 수 없고, 당신은 만성적인 불안과 스트레스를 경험하고 있기 때문에 당신이 취하는 전략을 살펴보려고 하는 것이 아닌가? 당신은 불안을 통제하기 위해 어떤 행동을 취하는가? 어떻게 몽키에게 바나나를 주고 있는가?

리스트를 작성하고 또 작성한다

·········

불확실성을 견디지 못하는 사람들의 가장 큰 특징은 과도한 계획이다. 당신은 무엇이든 만반의 준비를 갖춰야만 하는 성격인가? 결혼 계획을 세우는 데 온 시간을 다 빼앗긴 나머지 정작 예비 배우자를 만날 시간도 내지 못하고, 휴가 계획을 엄격하게 지켜야 하기 때문에 뜻밖의 일이 벌어지면 휴가를 망쳤다고 실망하며, 회의 주제를 조금도 벗어나서는 안 되기 때문에 새로운 아이디어가 등장할 가능성을 원천 봉쇄하는가?

과도한 계획과 동반되는 것이 바로 강박적으로 리스트를 만드는 행동이다. 해야 하는 일, 잊어서는 안 되는 일, 여행 준비물로 꼭 챙겨야 할 물건, 의사에게 문의해야 할 질문, 여가 시간에 할 일 등을 리스트로 작성한다. 또한 자신이 작성한 리스트가 무엇이었는지를 정리한 리스트도 만들어야 한다.

리스트에 적힌 목록에 모두 체크 표시를 하기 전에는 행복해질 수 없다고 생각한다면, 행복할 기회를 상당 부분 잃는 것이나 다름없다. 애초에 리스트에 적힌 모든 일을 완수할 수 없는 것은 물론 어차피 리스트 하나를 끝내도 다음 리스트가 기다리고 있으니까 말이다. 모든 것을 확실하게 처리해야 하고 통제해야 한다는 생각에 사로잡혀 있다면, 당신이 통제하고자 하는 대상은 불안이다.

혹시 무엇이든 지나치게 확인하는 편인가? 재정이 파탄 나는 상황을 막기 위해 주식과 경제 뉴스를 계속 보거나 소외되는 기분을 느끼고 싶지 않아 소셜 미디어, 좋아하는 스포츠 팀의 게시글, 핸드폰 메시지를 확인하는 일은, 우리 문화상에서 충분히 용인되는 행동이다. 아이가 친구들 집에서 무사히 잘 놀고 있을까? (한 번 더) 문자를 보내 확인하는 식이다. 핸드폰 덕분에 언제 어디서나 내가 알고자 하는 대상을 확인할 수 있게 되었다. 하지만 불안을 낮추기 위해 특정 행동을 해야만 한다는 생각이 든다면 그 충동은 자신이 감지한 위협을 해소하기 위한 안전 전략이라고 볼 수 있다.

뿐만 아니라 머릿속으로 확인하는 것도 안전 전략에 해당한다. 집을 나서며 필요한 물건을 전부 챙겼는지 머릿속으로 되짚어보는가? 대문을 제대로 닫았는지 확실히 하기 위해 머릿속으로 자신의 동선을 반복해서 재생하는가? 신체적 감각이 건강 이상을 알리는 신호일까 걱정되어 계속 관찰하는가?

이러한 행동이 꼭 문제인 것도 아니고, 필요한 순간도 있다. 하지만 당신이 위협을 확대해석하거나 그 위협에 대처하는 자신의 능력을 과소평가하는 데서 불안이 생겨났고, 그 불안을 낮추기 위해 하는 행동이라면 안전 전략이라고 봐야 한다. 이를테면, 옴짝달싹하지 못하고 갇힌 것 같은 불안함 때문에 비행기가 아닌 기차를 택한다면 그것은 안전 전략에 해당한다. 기차가 연착될 가능성 때문에 불안해 차를 렌트하는 것도 마찬가지다. 혹시나 있을 테러의 위험 때문에 여행을 포기하는가? 테러리스트가 언제 어디를 공격할지 누구도 알 수 없다. 확실히 알 수 없는 이상 여행은 꿈도 꾸지 않겠다고 생각하는 것도 안전 전략이다.

계획하고 준비하며 대비하는 일

....

완벽주의자는 실수를 해선 안 된다는 생각으로 큰 불안을 느낀다. 대학이나 직장, 동반자 어쩌면 디저트까지 선택한 결과가 완벽하지 않으면 큰 불안에 빠진다. 이때 안전 전략은 친구에게 조언을 구하거나, 선택을 미루는 식이다. 디저트를 예로 들면, 다른 사람들이 주문하는 것을 그대로 따라 할 것이다. 자신이 하는 모든 일에서 완벽해야만 하는 사람들은 안전 전략으로 리포트를 다시 쓰거나, 거듭 조사에 매달리거나, 퇴근 시간 후에도 남아 일을 하거나, 자신이 만족할 만한 수준의 결과를 낼 수 없을 상황에 대해 미리 변명거리를 마련하는 등의 행동을 한다.

실수해선 안 된다고 생각하는 사람들에게 타인과의 상호작용은 마치 지뢰밭을 걷는 것처럼 두렵고 아슬아슬한 일이다. 때문에 먼저 다가가기 보다는 다른 사람이 다가오길 기다린다(당신에게 관심이나 호감을 보이는 상대와 교류하는 것이 당신에게는 더욱 안전한 일이니 말이다). 할 말을 미리 생각하고, 오해의 여지를 남기지 않도록 세심하게 주의를 기울인다. 한심해 보일 만한 질문은 하지 않는다. 다른 사람들도 자신과 같은 생각이라는 확신이 들지 않으면 자신의 의견을 밝히지 않는다.

확신해야만 하는 사람들처럼 완벽주의자들도 과도하게

계획하고 강박적으로 리스트를 작성하는 모습을 보인다. 실내 장식과 청소는 물론 옷을 고르고 치장하는 데 지나치게 많은 시간을 들이기도 한다. 가장 큰 화면을 가진 TV와 가장 멋진 주방, 최신 스마트폰이 있다면 누가 감히 나를 비판할 수 있을까? 모든 것이 '딱 알맞은 수준'으로 갖춰진다면 '남들보다 부족하다'는 기분을 느끼지 않을 것이다.

하지만 실수는 불가피하다. 따라서 이런 사람들의 안전 전략에는 수습책 또한 포함되어 있다. 자신이 한 말과 행동을 머릿속에서 되짚으며 누군가를 실망시키거나 언짢게 한 것은 없는지 살핀다. 자신의 언행을 스스로 정당화할 근거를 찾고, 남들에게 해명할 말도 준비해놓는다. 당신이 마음만 먹으면 어떤 언행이든 합당한 근거를 댈 수 있다. 당신이 어떤 의도였는지 사람들을 이해시킨다면 누구도 당신을 비난할 수 없을 거라고 믿는다.

완벽주의의 안전 전략에는 한 가지 뚜렷한 목적이 있다. 감지한 위협과 그 위협으로 인해 느끼는 불안을 해소하는 것이다. 안전 전략을 활용하면서 불안의 사이클에 갇히지 않는다면 더할 나위 없이 좋다. 하지만 대부분 이러한 전략은 일시적인 안도감만 전해준다. 사이클은 반복되고 완벽을 향한 욕망은 계속 지속된다.

나를 먼저 보살펴야 불안이 사라진다

....

사회에서는 타인을 돌볼 때 가장 큰 행복을 느낄 수 있다고 가르친다. 하지만 책임감에 짓눌려 큰 부담을 느낀다면, 그래서 만성적인 질병이나 정신적 고통에 시달린다면 어떨까. 자기 돌봄을 등한시하면서까지 타인에게 헌신하는 것은 조금도 행복하지 않은 무거운 짐이자 번아웃의 원인일 뿐이다. 의무감 때문에 혹은 다른 사람을 실망시킬까 봐 두려운 마음에 타인을 보살핀다면 이것은 안전 전략이다.

어쩌면 배우자가 끼니를 잘 챙겨먹지 않는다거나, 운동을 하지 않는다거나, 알코올 중독에 시달리는 등의 문제가 있어 당신이 직접 나서서 해결해주고자 할 수도 있다. 배우자가 행복하고 건강하지 않다면 당신도 행복하고 건강할 수 없다고 생각하기 때문이다.

당신은 일터에서 반드시 필요한 사람이자 누구나 의지할 수 있는 사람으로 평가받는가? 누군가 마무리하지 못한 일을 당신이 나서서 처리하지 않으면 모든 것이 엉망이 되어 버리는 상황이다. 아마도 당신은 업무 외 시간에도 일을 해서 그 직원을 몫까지 대신해줄 것이다. 오랜 세월 당신의 몫이상을 해온 탓에 조직 내에서 대체 불가능한 인력으로 꼽히는가?

연인이나 부부 관계에 있어서는 자기주장을 표현하거나 선을 그으면 사랑하는 사람이 화를 낼지도 모른다고 생각할 수도 있다. 상대의 감정을 책임져야 한다고 생각하는 사람은 상대를 행복하게 해주기 위해 노력한다. 싫어하는 활동을 함께하거나, 자신의 취향을 드러내지 않거나, 상대의 커리어를 위해 지역을 옮겨 다니기도 한다.

책임이 과한 사람들의 동기는 자신을 제외한 모든 이를 행복하게 해주는 것이다. 자신보다 타인을 챙기는 것이 우선시 되는 현상은 사랑뿐 아니라 불안 때문이기도 하다. 타인을 실망시키지 않기 위해 요구를 들어주거나 소외되는 위험을 감수하지 않기 위해 주변 사람들에게 동조한다. 이기적이라는 소리를 듣기 싫어서 혹은 사람들과의 관계를 지키고자 당신 역량 밖의 일을 떠맡을 때, 당신은 안전 전략을 취하고 있는 것이다. 타인을 언짢게 할 때 당신이 느끼게 될 부정적인 감정을 상쇄하기 위한 노력이다. 다른 사람의 기분을 상하게 하는 것은 몽키 마인드에게는 원초적인 위협이 되기 때문이다.

'타인을 만족시켜야 한다는 의무감'은 부모의 경우 자녀와의 관계에서 지켜야 하는 선을 넘거나, 자녀가 상처나 어려움을 겪지 않도록 미리 손을 써 보호하는 식으로 발현된다. 그러나 부모가 섣불리 조언을 건네고, 사생활을 캐묻고, 계속 위치나 안부 등을 확인하면, 아이들은 자신의 영역을 침범당했다고 느낀다.

역으로 부모를 기쁘게 해줘야 한다는 데 얽매인 아이들은 자신이 원치 않는 운동에 참여하거나 부모의 뜻에 따라 대학을 가고, 부모 곁을 떠나지 못하는 모습을 보인다. 겉으로는 가족에 대한 사랑으로 비춰질 수 있지만 가족과의 단절을 피하기 위해 자신의 진심을 숨기는 이러한 행동은 안전 전략이다.

따라서 대인 관계에 있어 '내 자신을 입장을 고려하고 있는가?'라는 질문을 해보는 것이 좋다. 만약 대답이 아니다라면 혹은 확신할 수 없다면 높은 확률로 당신은 지금 타인을 기쁘게 하기 위해 무언가를 하고 있는 것이다.

나 자신을 우선시 할 때 어떤 일이 벌어질까? 이 질문에 대한 대답을 떠올리자 두려움이 찾아온다면 지금껏 당신이 먹이를 주며 키워온 몽키를 발견한 셈이다. 안전 전략이 일시적으로 불안감을 해소해줄 수는 있지만 그 효력이 영원히 지속되는 것은 아니다. 그럴수록 불안은 더욱 커지고 자신의 건강과 평안은 더욱 멀어지게 될 것이다.

point

안전 전략에는 행동 전략과 심리 전략 두 가지가 있다. 심리 전략 중 하나는 바로 걱정이다.

합리적인 모습으로 우리를 속이는 행동

각각의 전략이 어떠한 몽키 마인드셋에서 비롯되는지 이니셜로 표시했다.

IOU = 불확실함에 대한 두려움

P = 완벽주의

OR = 과도한 책임감

안전 전략 중에 당신이 반드시 고치고 싶은 행동도 있겠지만, 어떤 것은 지극히 합리적이고 정상적인 행동처럼 보여 이상하다는 것을 느끼지 못할 수 있다. 명심해야 할 점은

'정상적인' 행동이 안전 전략으로 변질되는 지점은 불안을 일시적으로 해소하는 행동이 반복적으로 되풀이 되거나 자신의 가치 및 목표에 부합하지 않을 때다.

행동 전략

- (전기 제품의 전원이 꺼졌는지, 사람들이 무사한지, 자신이 실수한 것은 없는지, 몸에 이상이 있는 것은 아닌지, 심박수나 몸이 떨리는 증상이 정상인지) 확인한다. **IOU/P/OR**

- 완벽하지 않다는 생각에 어떠한 일을 반복해서 행하거나, 자신이 제대로 이해했는지 또는 제대로 썼는지 확실히 하기 위해 같은 글을 반복해서 읽거나 여러 번 다시 쓴다. **P**

- 어떠한 일을 제대로 하기 위해 지나치게 많은 시간을 들인다. **P**

- (인터넷으로 검색하거나 의사를 찾아가) 정보를 구한다. **IOU**

- 본인은 물론 다른 사람들에게 질병을 전파하지 않기 위해 몸을 씻고 청소를 한다. **IOU/OR**

- 지나치게 리스트를 만들고 계획을 세운다. **IOU/P**

- 무언가를 거절하기 위해 변명거리를 생각한다. **OR**

- 자신 그리고 자신의 행동을 변호하거나 해명한다. **P/OR**

- 자신보다 타인의 니즈를 우선시한다. **OR**

- 해야 할 일을 미룬다. **P**

- 먼저 대화를 시작하지 않는다. **IOU/P/OR**

- 회의 시간에는 입을 열지 않는다. **P**

- 관심의 중심에 서는 것을 피한다. **P**

- 차를 타거나 영화관에서 영화를 보는 등 자신이 어딘가에 갇혀 있는 상황을 피하거나, 그런 상황에 놓인 경우에는 미리 탈출 경로를 생각해 둔다. **IOU**

- (자녀, 배우자의) 실수를 지적한다. **OR**

- 타인의 문제를 대신 해결해주고자 한다. **OR**

- (운동, 요가, 병원 방문 등) 자신을 위한 시간을 내는 것을 피한다. **OR**

- 자신의 선택이 옳았음을 확인받고 싶어 한다. **IOU/P**

- 다른 사람들은 동의하지 않을 의견이라면 말하지 않는다. **P/OR**

....

심리 전략

....

- 지난 일을 떠올리며 자신이 한 말과 행동을 되짚는다. **IOU/P**

- 머릿속으로 리스트를 만든다. **IOU/P**

- 신체에 전해지는 감각을 살피며 어디에 이상이 있는지 또는 무엇 때문에 이런 기분을 느끼는지 분석한다. **IOU**

- 어떠한 상황을 걱정하고, 진상을 파악하고, 바로 잡고, 문제를 해결하려 한다. **IOU/P/OR**

- 중요할 지도 모른다며 어떠한 일들을 기억하려고 애쓴다. **IOU/OR**

- 가스를 잠그는 등 해야 하는 일을 빼놓지 않고 했는지 머릿속으로 확인한다. **IOU/P**

....

이 외에도 내가 특별히 따로 설명하고 싶은 두 가지 안전 전략이 있다. 첫 번째는 주의 분산이다. 이 전략은 지극히 일반적인 현상으로 일상에 깊숙이 파고들어 있는 데다 다양한 형태로 발현된다.

point 안전 전략 중에는 반드시 고치고 싶은 행동도 있지만 어떤 것은 합리적이고 정상적인 행동으로 여겨져 이상한 점을 찾을 수 있는 행동도 있다.

주의를 분산시켜 시선을 빼앗는다

주의를 다른 대상으로 돌리는 것은 문제가 아니다. 퀼팅, 사진, 기타 연주 등의 취미 생활은 일상 속 스트레스를 해소하는 좋은 방법이다. 이메일, 문자, 뉴스 피드, 소셜 미디어, 컴퓨터 게임, 영화처럼 온종일 우리의 시선을 빼앗는 다양한 활동 또한 마찬가지다.

하지만 어떠한 위협을 감지하고 그에 대한 반응으로 주의를 분산시키는 것은 대가가 큰 안전 전략이다. 여기서 말하는 위협은 어떠한 생각이나 상황일 수도 있고 부정적인 감정일 수도 있다.

마리아는 머리가 아픈 증상이 동맥류 때문일까봐 걱정했고, 이 생각이 들 때마다 큰 괴로움을 느꼈다. 두통을 면밀히 추적하거나 구글에 검색하지 않을 때면 그녀는 다른 활동으로 자신의 생각을 분산시켰다. 독서나 TV 시청이 효과가 있긴 했지만 일시적일 뿐이었다. 그럼에도 두통이 가시지 않으면 동맥류에 대한 의심이 또다시 찾아왔다. 두통에 대한 생각을 잊으려고 한 행동은 도리어 두통에 대한 생각이 위협임을 인정하는 것이었다. 결과적으로는 다른 행동으로 생각을 분산시키는 행위가 몽키에게 먹이를 준 꼴이었다.

어떠한 선택이나 프로젝트를 앞두고 수행 불안이 찾아오면 에릭은 일을 미루었다. 이메일에 답장하거나 전화 업무를 처리하고 직원들의 보고를 받으면서 결정을 내리거나 프로젝트를 시작하면 경험하게 될 불안을 회피했다. 해야 할 일 대신 다른 일로 집중을 분산시키는 것으로 그는 위협이 진짜고 자신이 감당하기 어려울 정도로 위중하다는 메시지를 몽키 마인드에게 전달했다.

사만다는 아들 생각을 하면 불안뿐 아니라 극도의 슬픔을 느꼈다. 몸을 바쁘게 움직일 때는 이런 감정이 잦아든다는 것을 깨닫고 그녀는 회사 업무를 집까지 가져와 일을 하거나, 집과 마당을 계속 청소하고 정리했다. 일에 몰두할 동안은 마음이 편안했다. 하지만 일을 멈추자마자 고통스런 감정이 무섭게 밀려들었다. 사만다가 다른 일에 정신을 파는 행동이 몽키 마인드에게 그녀가 느끼는 감정은 위험하고 감당할 수 없다는 분명한 메시지를 전달했다.

손톱을 다듬거나 집안일을 하는 것은 언뜻 보기에는 전혀 해가 될 것이 없어 보인다. 그러나 노트북 앞에서 느끼게 될 불안을 잊고 싶어 취하는 행동은 안전 전략이 된다. 앉아서 글을 쓰는 것이 위험하다는 경보를 인정하는 행동이다. 어떠한 생각이나 감정, 상황을 통해 감지된 위협을 회피하기 위해 집중력을 분산시킨다면 큰 대가를 치르게 된다. 앞으로도 같은 불안이 계속되는 것은 물론 우리가 진정으로 원하는 것을 성취하는 데도 큰 걸림돌이 된다.

안전 전략의 하나인 주의 분산은 보통 다음과 같은 활동으로 발현된다. 당신은 어떤 행동을 하며 몽키에게 먹이를 주는가?

- TV를 시청하거나 게임이나 인터넷 검색을 하고, 이메일을 처리한다.

- 집이나 회사에서 일부러 손과 몸을 바쁘게 한다.

- 친구와 만나거나 문자, 소셜 미디어를 통해 사람들과 교류한다.

- 다양한 취미 활동을 하며 일상을 바쁘게 보낸다.

point 불안을 마주하지 않으려고 주의를 분산시키는 일은 안전 전략이다. 시선을 돌려도 불안은 사라지지 않고 오히려 더 큰 불안이 찾아온다.

몸과 마음을 진정시키는 방법의 함정

두 번째 전략도 걱정이나 주의 분산처럼 안전 전략처럼 보이지 않는다. 감지된 위협이 불안 그 자체일 때 우리가 취하는 안전 전략은 바로 몸과 마음을 이완하는 것이다. 이완이 불안을 낮추는 게 아니라 지속시킨다니 터무니없는 소리처럼 들리겠지만, 안타깝게도 그럴 때가 많다.

몽키 마인드는 우리의 머리와 몸의 상태를 항상 주시하고 있다. 외부에서 전해지는 감각뿐 아니라 내면의 생각과 감정까지 말이다. 불안한 생각이나 부정적인 감정이 일정 시간 이상 지속되거나 공황 발작처럼 상당히 강렬한 강도로 찾아올 때 몽키 마인드는 이를 알아채고 위협으로 오인한다. 불안을 느끼는 것을 통제력 상실과 정신 이상, 죽음으로도 해석하기도 한다. 이때 당신은 어떤 반응을 보이게 될까?

내가 공황 발작을 겪었던 일을 설명하며 심리치료사가 처방한 이완 훈련이 아무런 효과도 없었다는 이야기를 한 적 있다. 불안한 감각 또는 심장 두근거림, 어지러움, 가슴이 조여드는 증상, 신체 저림, 메스꺼움, 홍조, 땀, 몸이 떨리는 증상 등 공황 발작 때 찾아오는 불편한 감각을 피하려는 노력이 이런 증상이 위험하다는 오해를 오히려 강화시킨다는 사실을 치료사도 나도 알지 못했다.

몸과 마음의 이완이 나쁘다는 말을 하는 것이 아니다. 이완은 정신적, 신체적 건강에 필수적이다. 하지만 불안을 느끼고 싶지 않아서, 불안한 감각을 위협으로 오인해서 몸과 마음을 이완시키는 것은 안전 전략이다. 몽키에게 바나나를 주는 행동이기 때문에 문제가 되는 것이다. 약화시키고 싶은 대상을 도리어 강화시키면 같은 상황이 반복되는 굴레에 갇히게 된다.

사람마다 각자 이완 방식이 다르다. 따뜻한 욕조에 몸을 담그는 사람도 있고, 하이킹을 하거나, 와인 한 잔을 마시거나, 영화를 감상하거나, 친구와 수다를 떨거나, 책을 읽거나 어쩌면 명상을 할 수도 있다. 당신이 무엇을 하느냐보다 그 행동을 하는 동기와 몽키에게 전하는 메시지가 중요하다. 만약 불안한 생각이나 감정을 낮추려고 이완을 훈련한다면 '네 말이 맞아. 불안을 느끼는 것은 위험해. 마음을 진정시켜야 한다고 경고해줘서 고마워.'라는 메시지를 몽키에게 전달하게 된다. 노력할수록 몸과 마음을 이완하기가 어려워진다.

그 행동 자체는 전혀 나쁘지 않지만 부정적인 감정과 불편한 신체적 감각을 해소하기 위해서 행하는 것은 안전 전략이다. 당신이 몸과 마음을 진정시키기 위해 취하는 전략은 무엇인가?

- 이완하기 위해 집중력을 다른 곳에 분산시킨다.

- 술과 함께 처방된 또는 처방받지 않은 약을 섭취한다.

- 마음을 놓을 수 있는 사람과 함께한다.

- 이완 테크닉을 활용한다.

- 명상을 한다.

- 운동을 한다.

앞으로 한 주간 당신이 일상에서 취하는 안전 전략이 무엇인지 리스트를 작성해본다. 자신의 생각과 행동을 유심히 관찰할수록 몽키의 흔적과 당신이 몽키에게 먹이를 주는 패턴을 더 많이 발견하게 될 것이다. 리스트가 길어질수록 한 가지 질문이 떠오를 것이다. 부정적인 감정을 일시적으로 회피하기 위해 몽키에게 삶의 통제권을 얼마나 허용할 것인가?

불안을 회피할 때 우리가 치러야 할 대가는 제법 크다. 상황에 따른 합리적인 위험도를 스스로 판단할 의무를 되찾지 않는다면 몽키가 당신 대신 나서서 판단할 것이다. 그렇게 되면 당신의 삶은 앞으로도 안전 전략이라는 블랙홀에 매몰되고 만다.

사스와 에볼라가 유행했을 당시, 많은 사람들이 손에 바이러스가 옮을까 두려워했다. 두려움을 진짜 위협이라 오인한 사람들이 향균 비누로 손을 씻을 때마다 몽키에게 무언가를 만지는 것은 너무 위험하다는 메시지가 전달되었다. 그 결과 확실성을 추구하는 사고와 안전 전략 덕분에 항균 비누를 판매하는 기업의 매출과 수익이 급등했다.

두 질병 모두 공기로 감염되는 질병이라 몽키의 위협은 사실이 아니었다. 꼭 항균 비누를 사용해야 할 필요는 없었다. 상황이 진정되자 사람들은 다시 일반 비누로 손을 씻었다. 하지만 몇몇 사람들은 불안의 사이클에서 여전히 헤어나오지 못하고 있다. 이 사람들은 항균 비누가 없으면 불안해하고 최대한 무언가를 만지지 않으려고 조심한다. 그럼 손을 씻고 난 뒤 수도꼭지는 또 어떻게 잠가야 할까? 팔꿈치로? 공공 화장실에서 나올 때는 어떻게 해야 할까? 깨끗해진 손으로 손잡이를 만질 수나 있겠는가?

불안의 사이클은 끝없이 확장된다. 내가 담당한 강박장애를 겪는 내담자들 몇 명은 표백제로 손을 씻기까지 했다. 명백한 문제 행동이었다. 안전 전략이 당신에게 이로운지 아닌지를 어떻게 파악할 수 있을까? 당신의 안전 전략을 파헤칠 준비가 되었는가?

나는 안전 전략을 찾아내는 것을 정말 좋아한다. 내담자들이 어떠한 행동이 자신의 안전 전략이었는지를 깨닫는 모습을 지켜보는 것도, 내 삶에서 직접 안전 전략을 발견하는 것도 늘 즐겁다. 우리가 그동안 먹이를 주며 키워온 몽키에게 플래시를 비추며 어떤 행동이 불안을 지속시키는 요인이었는지 밝히는 것은 신이 난다. 나아가 자존감도 높아진다. 왜 고통이 심해졌는지 알게 되면 상황을 바꿀 수 있는 힘이 생긴다.

현재의 마음가짐과 행동이 당신의 안전을 지켜주는 것은 맞다. 하지만 더욱 넓은 세상이 당신을 기다리고 있다. 당신은 '그렇고 그런 비슷한 삶'에서 벗어나 더 나은 삶을 누릴 자격이 있다. 5장에서는 우리가 안전 행동을 멈추어 더 이상 몽키에게 먹이를 주지 않을 때 어떤 일이 벌어지는지 알아본다.

point 당신이 일상에서 취하는 안전 전략이 무엇인지 리스트를 작성해본다. 자신의 생각과 행동을 관찰할수록 몽키의 흔적과 당신이 몽키에게 먹이를 주는 패턴을 발견하게 될 것이다.

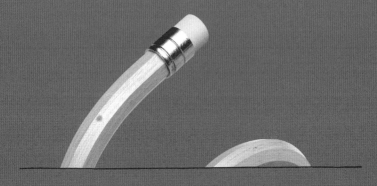

5장
반대로 생각하는 연습

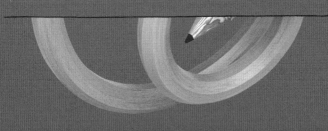

새로운 경험이 필요한 이유

사람들은 오랫동안 지구가 평평하고 그 끝은 낭떠러지라고 믿었다. 물론 지구 끝까지 가본 사람은 없었다. 우리가 모르는 것이 우리를 죽음에 이르게 할 수도 있다는 집단적 몽키 마인드에서 탄생한 두려움이었다.

배를 모는 선장들은 절대 먼 바다로 나가 항해해서는 안 된다고 생각했다. 그래서 해안선 가까이에서만 항해하는 전략을 택했다. 동양에 닿고 싶었던 유럽인들은 아프리카 해안선을 따라 항해했다. 해안선을 끼고 긴 항해를 마친 배가 들어올 때마다 바다 멀리 나가선 안 된다는 위협은 확고해졌다. 집단적 몽키 마인드는 해안선을 따라 항해했기 때문에 안전하게 돌아올 수 있었다로 귀결되었다.

누구에게나 가능성과 발견이라는 거대한 바다가 눈앞에 펼쳐져 있다. 바로 우리의 삶이다. 그러나 몽키에게 휘둘려 해안선 가까이에서만 머무른다면 결과는 뻔하다. 불안의 사이클을 영영 벗어날 수 없고 선택지는 극히 제한적이다. 틀을 깨고 세계를 확장해야 한다. 닥터 수스Dr. Seuss(미국에서 가장 유명한 그림책 작가-옮긴이)의 말처럼 '오, 당신이 경험할 모든 일들!'을 생각해보라.

몽키 마인드와 반대로 생각하기

....

불안의 사이클을 끊기 위한 첫 단계는 몽키 마인드와 정반 대로 사고하는 것이다. 나는 이를 확장 사이클이라고 부른 다. '나는 100퍼센트 정확히 알아야 해, 완벽해야 해, 모든 일과 사람을 책임져야 해.'라는 생각을 '잘 몰라도 괜찮아, 실수를 저질러도 돼, 내가 모든 것을 책임질 수 없어.'로 전 환하는 것이다.

물론 말처럼 쉬운 일은 아니다. 나도 내 사고방식을 바꾸 려 애썼던 적이 있기 때문에 그것을 유지하는 것이 얼마나 힘든지 잘 안다. 안락한 진료실에서 상담사와 대화를 나눌 때, 산꼭대기에 올라 명상을 할 때, 자기계발서를 읽을 때는 새로운 사고방식을 수용하겠다고 쉽게 마음먹는다. 그러나 위협이라고 오인할 만한 상황이 닥치면 우리는 금세 불안에 잠식되고 결심은 산산조각난다. 새로운 사이클이 함께하지 않는다면 새로운 사고방식도 새해 결심만큼만 지속되다 사라질 것이다.

불안에 시달려본 심리치료사로서 한 가지 깨달은 것이 있다. 새로운 사고가 기본값이 되기 위해선 새로운 경험이 동반되어야 한다는 것이다. 경험적 학습이 두뇌에 새로운 길을 만들고, 거듭 새로운 경험을 할 때 이 회로는 고속도로로 업그레이드된다. 실제로 실행하는 것만큼 효과적인 것은 없다. 마라톤에 도전해보고 싶다는 꿈이 있다 해도 거금을 들여 나이키 운동화를 구매하기 전까지는 그것이 실현 가능한 일이라고 생각하지 않는다.

새로운 확장 마인드셋을 유지하는 데 필요한 새로운 경험은 무엇일까? 간단하다. 마음속에 자리 잡은 몽키에게 바나나를 그만 주는 것이다. 안전 대신 나를 확장하는 전략을 채택할 때 불안의 사이클이 무너지고 변화가 찾아온다. 확장 전략은 불안을 낮추는 것이 아니라 무시하는 쪽에 가깝다.

확장 전략expansive strategy은 불안의 사이클을 끊어내는 데 중요한 역할을 한다. 몽키 마인드에 반하는 새로운 경험을 시도해 새로운 마인드셋이 고착되도록 만드는 것이 확장 전략이다. 이 전략으로 확장 사이클이 형성되고 강화되면 불안에 대항하는 법을 깨우치게 된다. 결국 불안을 덜 느끼게 될 것이다.

확장 전략은 안전 전략의 정반대일 때가 많아 쉽게 떠올릴 수 있다. 수줍음이 많은 사람은 사람들과 어울리는 상황에서 누군가 먼저 다가오기를 기다리는 안전 전략을 택한다. 누군가 다가와 대화를 시작하고 당신이 상대에게 거부당하지 않았다는 경험이 반복될 때마다 몽키는 바나나를 제공받고 불안의 사이클은 굳건해진다.

이 사이클을 깨기 위해서 새로이 취할 확장 전략은 먼저 누군가에게 다가가 인사를 건네는 것이다. 상대에 대해 묻거나 자신을 소개하며 대화를 이어간다. 똑똑하고 재치 있는 모습으로 분위기 메이커가 될 필요는 없다. 이것이야 말로 과녁 정중앙만을 맞히겠다는 사고방식이다. 그저 먼저 다가가는 것만으로도 당신이 노리던 과녁판 위에 화살을 꽂은 것이다.

이때 불안한 티를 내지 말고 자신감 있는 사람처럼 보여야 한다는 과거의 완벽주의 마인드셋으로 새로운 전략을 시도하면 아무런 진전도 이룰 수 없다. 확장 전략은 확장 마인드셋으로 접근해야 한다. '내가 재미없을 때도 있고 좀 멍청한 소리를 할 수도 있어. 과녁 한 가운데를 맞출 필요는 없어. 그저 과녁판만 맞히면 돼.' 이런 정신이 필요하다.

새로운 변화가 가능하다는 것을 믿을 수 있겠는가? 아직은 믿기 힘들지도 모른다. 오랫동안 몽키의 완벽주의 마인드셋으로 살았기 때문이다. 하지만 믿을 수 없다 하더라도 새로운 사고방식을 시도해볼 수 있다. 씨앗이 잘 자랄 거라는 믿음을 갖고 성실하게 물을 주고 잡초를 제거하는 정원사는 새로운 싹이 움터 이내 무성한 숲으로 자라는 모습을 보게 된다. 이와 마찬가지로 확장 전략을 성실하게 반복한

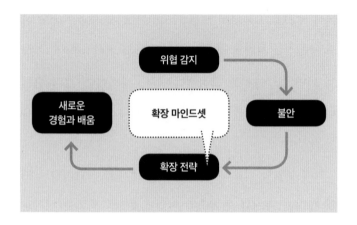

다면 당신이 일구어온 새로운 사고방식을 결국 믿을 수 있게 될 것이다.

확장 마인드셋과 확장 전략의 가장 좋은 점은 바로 새로운 사이클을 지속시킨다는 것이다. 매번 과녁 한가운데를 맞춰야 한다는 압박감에서 벗어나면 과녁 전체를 볼 수 있다. 당신의 한계는 사라지고 넓은 세상이 눈앞에 펼쳐진다.

물론 큰 세상은 큰 불안을 의미하기도 한다. 이 책을 읽으며 불안을 느낀다면 당신이 조금씩 달라지고 있다는 긍정적인 신호다. 안전 전략을 버리고 확장 전략을 취할 때 불안을 더욱 느끼게 된다. 단기적으로 보면 더 큰 불안을 느끼는 것이야 말로 당신에게 필요한 일이다. '난 불안을 느끼기로 했어. 완벽하지 않아도 괜찮아'라고 말하며 몽키 마인드에 저항하고 있다는 증거다. 당신은 위협의 존재를 불신하기 시작했고, 이 변화는 몽키가 눈치챌 수밖에 없다. 바나나가 끊겼으니 말이다.

이런 일을 반복하다 보면 불안 경보가 점차 잦아들고, 사람들과 어울리는 상황에서 좀 더 편안함을 느끼게 된다. 어쩌다 한 번씩 누군가에게서 거부를 당한다 해도 대처하는 법을 깨우칠 것이고, 이 과정에서 회복력이 높아진다.

무척 힘든 일로 느껴지겠지만 내 내담자들 가운데 심각한 불안에 시달렸던 사람들도 전략을 바꾸는 데 성공했다. 당신도 충분히 해낼 수 있다.

확장 마인드셋과 확장 전략은 보통 당신이 지금껏 유지해온 방식과 정반대다. 안전지대에서 머물던 삶에서 벗어나 이제는 일부러 불편한 상황을 만드는 것이다.

point 확장 마인드셋과 확장 전략은 몽키 마인드셋, 안전 전략과는 정반대다. 그동안 피해왔던 불안하고 불편한 상황 속으로 들어가야만 한다.

미리 걱정하지 않기로 했다

불확실한 상황에서 불안을 느끼는 마리아의 안전 전략은 구글에 증상을 검색하며 심각한 질병의 신호인지 확인하는 것이었다. 마리아와 나는 상담 후에 일주일 동안 신체적 증상을 구글에 검색하지 않는 확장 전략을 시도해보기로 했다.

이 외에도 마리아가 자주 취했던 안전 전략은 남편에게서 마음의 위안을 얻는 것이었다. 남편이 의사는 아니지만 일시적으로 두려움이 진정되는 효과가 있었다. 따라서 마리아는 신체적 감각을 남편에게 공유하지 않는 확장 전략을 택했다.

의사에게 연락하거나 병원에서 검사를 받는 등 다른 안전 전략도 그만둘까 고민했지만 아직은 준비가 안 되었다고 느꼈다. 전혀 문제 될 것은 없다. 시간이 지나면 좀 더 과감한 도전을 감행할 수 있을 거라 믿고 작은 일부터 차근차근 시도하는 것이 좋다. 구체적이고 현실적으로 목표를 세워야 조금 더 편안한 마음으로 도전할 수 있다.

확장 전략 두 개만으로도 마리아에게는 대단한 결심이었다. 나는 두통과 같은 증상이 찾아오면 그녀가 어떠한 태도를 유지해야 하는지 단단히 일러주었다. 바로, '나는 불확실성을 포용하며 살아가기로 결심했다'라는 확장 마인드셋이었다.

마인드셋과 전략은 한 몸이나 다름없다. 마인드셋이 전략을 가능케하고 전략이 마인드셋을 강화한다. 이 둘 중 하나라도 안전에 치우쳐 있다면 결코 불안의 사이클을 깰 수 없다. 마리아가 새로운 전략을 시도해도 '난 확실히 알아야만 해'라는 몽키 마인드셋에 얽매어 있다면 모든 것은 결국 수포로 돌아갈 것이었다.

마리아의 불안 증상이 유독 심한 편에 속한 것은 맞지만 그 이면에 자리한 기제는 결코 그녀만의 문제가 아니다. 불확실성을 견디지 못하는 사람은 누구나 자신이 알지 못하는 상황을 맞닥뜨리면 우선 위험하다고 판단한다. 상황이 안전하다는 확신이 들기 전까지는 마음을 놓지 못한다.

안전을 자꾸만 확인하는 사람들

·········

핸드폰의 등장과 함께 확인 강박으로 보이는 증상을 겪는 사람들이 많다. 사랑하는 사람에게 '도착하면 전화 줘'라고 말하고, 도착했을 시간인데도 연락이 없으면 괜히 긴장하기 시작하며 핸드폰을 집어 든다. 당장은 불안이 해소되겠지만 이런 행동은 몽키에게 먹이를 주는 것과 같다. 이는 불확실성을 견디지 못하는 성향을 더욱 강화한다.

가족이 행글라이딩을 하러 간 거라면 무사한지 확인하는 게 당연하지만, 그렇지 않은 상황에도 문자나 전화를 거는 횟수가 늘어나고 그들이 주변에 없을 때면 상당히 불안해지는 것을 스스로 느낀다면, 사람들에게 확인 문자나 전화를 하는 횟수를 제한하는 확장 전략을 시도해볼 수 있다.

마리아처럼 자신이 안전한 상태인지 계속 확인하거나 타

인의 안전을 거듭 점검하는 경우, 이 몽키 마인드셋을 단순하게 전환하면 된다. 불확실성을 견디고, 위험하다는 확실한 증거가 있기 전에는 안전하다고 생각하는 것이다. 계속 훈련하다 보면 앞으로 어떤 일이 벌어질지 확신할 수 없는 때에도 한결 평온한 마음을 유지할 수 있게 될 것이다.

지나치게 대비책을 세우거나 모든 것을 세세히 준비하는 것으로 어떠한 결과를 통제하려 드는가? 역설적이게도 그럴수록 더욱 불안을 느낀다. 몽키에게 바나나를 주는 행동이기 때문이다. 이제는 완전히 반대로 접근해보자. 융통성 있게 계획하고 대비책은 최소한으로만 세운다. 공원 나들이나 해외 여행을 위한 계획을 대략적으로만 세우고 짐도 최소로 챙긴다. 혹시 모를 난관이 닥쳐도 이를 회복력을 훈련하고 창의적 문제 해결 능력을 발휘할 기회로 삼는다. 이때 새로운 확장 전략은 '모든 일을 세세하게 계획하지 않기로 했어. 미리 생각하지 않기로 했어. 불확실성과 즉흥성을 반기기로 결심했어.'다.

100퍼센트 확실히 알아야만 한다는 몽키 마인드셋과 그에 대항하는 확장 마인드셋을 몇 가지 사례로 정리하면 아래와 같다.

- **몽키 마인드셋** : 나쁜 상황을 미리 예측하고 계획해야만 한다.
- **확장 마인드셋** : 미래에 어떤 일이 생길지 걱정하는 것보다 현재의 순

  간을 열심히 사는 것이 더욱 중요하다.

- **몽키 마인드셋** : 나와 소중한 사람들이 안전하다는 것을 반드시 확인해

  야 한다.
- **확장 마인드셋** : 위험하다는 확실한 증거가 있기 전까지는 모두가 안전

  하다고 믿는다.

- **몽키 마인드셋** : 계획대로 흘러가지 않으면 하루를 망치게 될 것이다.
- **확장 마인드셋** : 계획대로 되지 않을 때는 유연하게 대처하는 법을 훈

  련하면 된다.

- **몽키 마인드셋** : 내가 조심하지 않으면 나쁜 일이 벌어질 수도 있다.
- **확장 마인드셋** : 내가 할 수 있는 최선의 결과를 내기 위해 합리적인 선

  안에서 대비책을 강구한다.

불확실함을 견디기 어려운 사람은 융통성 있게 계획하고 대비책은 최소한으로 세워본다. 혹시 모를 난관이 닥쳐도 회복력을 훈련하고 창의적 문제 해결 능력을 발휘할 기회로 받아들인다.

실수는 언제나 일어날 수 있는 일

완벽주의 몽키 마인드에 휘둘리는 에릭이 회사에서 가장 많이 취하는 안전 전략은 비난받지 않을 거라는 확신이 들 때까지 프로젝트를 붙잡고 있거나 결정을 미루는 것이다. '나는 실수를 해선 안 돼'라는 마인드셋에 얽매여 모두에게 인정받지 못한다면 완전한 실패라고 여겼다. 에릭은 변화를 위해 도전하기로 결심하고 그간 결정을 미뤄왔던 사안 중 하나에 마감 기한을 정했다. 스트레스 강도는 높지만 혹시나 실수를 해도 부정적인 파장이 가장 덜 한 것으로 택했다. 정해진 시간이 되면 마음의 준비가 안 되었다 해도 무조건 결정을 내리기로 결심했다.

에릭은 완벽주의 성향도 고치고 싶었다. 큰 체구와 수줍음 많은 성격으로 자신감이 떨어진 그는 사람들의 주목을 받는 자리를 피했다. 그는 소외와 외로움이라는 사이클에 갇혀 있었다. 에릭은 새로운 전략을 시도해보기로 했다. 사람들과 함께하는 자리에 초대를 받거나 기회가 생기면 거절하지 않고 모두 참석하기로 마음먹었다. 늘 피했던 매주 목요일 점심 회식 자리에도 참여하기로 했다.

그가 실수할 준비나 실패자처럼 보일 준비가 되어 있지 않다면 자신이 정한 의사 결정 데드라인도, 사람들과 자주 어울리겠다는 약속도 지키지 못할 게 자명했다. 완벽주의 몽키 마인드셋을 지닌 사람들은 실패에 대한 두려움이 삶의 동기다. 실수가 인간의 일부라 생각하지 않고 결점이라고 여긴다. 무언가를 잘 해내지 못한다면 다른 사람들보다 가치 없고 '못한' 존재가 된다고 생각한다. 에릭이 새로운 전략을 실행하기 위해선 새로운 확장 마인드셋이 필요했다.

완벽주의자가 지녀야 할 확장 마인드셋은 무엇일까? '실수를 저지르고 타인의 비판과 비난을 허용하는 것은 성장에 필요한 과정이다' 정도가 될 것이다. 에릭은 진료실을 나

서며 짧고 간결한 문장으로 자신의 새로운 마인드셋을 공표했다. '나는 망가질 준비가 되어 있다.'

- **몽키 마인드셋** : 실수나 비판, 비난은 내게 문제가 있고 결함이 있으며, 내가 실패했다는 뜻이다.
- **확장 마인드셋** : 실수나 비판, 비난은 내가 위험을 이겨내고 성장할 기회다.

- **몽키 마인드셋** : 내가 무언가를 잘 했을 때에만 내 자신에게 만족한다 (조건적 자기 수용).
- **확장 마인드셋** : 내가 잘 하는 일도 있고 못하는 일도 있다. 실수가 내 가치를 결정하지 않는다(무조건적 자기 수용).

- **몽키 마인드셋** : 나의 동기는 실패에 대한 두려움이다.
- **확장 마인드셋** : 나의 동기는 탁월함과 창의력, 목표의식이다.

- **몽키 마인드셋** : 완벽하지 못한 모습을 보이고 실수를 저지르는 것은 열등한 존재라는 뜻이다.
- **확장 마인드셋** : 인간은 완벽하지 않고, 실수를 저지르는 것이 당연하다.

- **몽키 마인드셋** : 어떤 일에서 내가 다른 사람들보다 못하다면 내게 문제가 있다는 뜻이다.

- **확장 마인드셋** : 타인의 성과에 비교하는 것보다 내 스스로 최선을 다하는 것이 더욱 중요하다.

<table>
<tr><td>point</td><td>완벽주의자는 실수를 저지르고 타인의 비판과 비난을 허용하는 것은 성장에 필요한 과정이라는 것을 생각하며 훈련한다.</td></tr>
</table>

나의 행복을 위해 알아야 할 것

사만다의 가장 두드러진 안전 전략은 알코올 중독자인 아들의 상태를 확인하는 것이다. 그녀의 확장 전략은 단순했다. 확인 전화를 그만하는 것이었다.

새로운 전략을 따르기 위해 사고방식을 바꿔야 했다. 그녀는 '아들에게 나쁜 일이 생긴다면 그건 막지 못한 내 잘못이야'라는 전제에 얽매여 있었다. 그녀에게 필요한 새로운 사고방식은 아들이 다친다 해도 내가 막을 수 없다는 방향으로 흘러야 했다.

이런 사고방식은 엄마인 사만다의 본능에 반하는 것이었다. 자식의 안전이 정말로 위태로워진다면 그녀가 감당해야 할 대가가 지나치게 컸다. 그녀가 아들의 안부를 확인하지 않는 동안 실제로 무슨 일이 벌어진다면 그녀가 느낄 고통과 죄책감은 상상할 수 없을 정도일 것이다. 하지만 사만다의 현재 마인드셋과 안전 전략은 그녀의 정신적, 육체적 건강을 심각한 수준으로 망가뜨리고 있었다. 스스로도 이제는 변해야 할 때라고 생각했다.

우리는 그녀가 시도할 수 있는 수준의 확장 전략을 세웠다. 하루에 한 번만 아들의 안부를 묻는 것이었다. 별 것 아닌 듯 보이지만 사만다에게는 대단히 어려운 일이었다. 하루에 서너 번씩 전화나 문자를 하는 것이 이미 굳어진 상태였다.

하루 한 번만 연락하겠다는 다짐을 잘 지켜도 다른 문제가 생길 가능성이 있었다. 늘 그랬듯 아들이 빚을 갚아야 하니 한 번만 더 '대출'을 받아달라고 한다면? 사만다는 약물 치료를 위한 경비는 도와주겠지만 약물 남용으로 인해 생긴 빚은 해결해주지 않겠노라 다짐했다. 너무 무심하고 냉정한 결정 같지만, 과도한 책임감에서 비롯된 몽키 마인드셋과 안전 전략은 결국 두 사람 모두에게 악영향만 미칠 거라는 점을 사만다도 인정했다. 사만다가 아들의 요구를 들어주지 않는다면 아들이 화를 낼 것이고, 이는 사만다에게 난관으로 작용할 것이다. 몽키 마인드셋으로 인해 사만다는 누군가 자신에게 화가 나면 그건 모두 자신의 잘못이라고 믿었기 때문이다.

사만다는 오랜 고민 끝에 '아들에게 하루에 한 번만 전화하기, 약물 남용으로 생긴 빚은 해결해주지 않기' 이렇게 두 가지 확장 전략을 시도해보기로 결정했다. 새로운 확장 전략은 사만다가 선택한 확장 마인드셋을 유지하는 데 필수적이었다. 사만다의 확장 전략은 바로 '나는 타인의 행동이 아닌 내 행동에 대해서 책임을 져야 하고, 누군가 내게 화를 낸다 해도 내가 무언가를 잘못했다는 뜻은 아니야. 다른 사람들의 감정에 책임을 질 필요가 없어.'였다.

과도한 책임감을 느끼는 사람들을 위한 확장 전략은 사람간의 의리와 가족을 중시하는 문화에서는 이기적으로 보일 수 있다. 하지만 자신의 건강과 행복을 책임지는 태도는 이기적인 것이 아니다. 이는 당신의 가장 중요한 의무다. 비행기 안에서 비상사태가 벌어졌을 때 당신이 먼저 산소마

스크를 써야 하는 데는 이유가 있다. 당신이 위험한 상태라면 사랑하는 사람에게 도움이 필요한 순간 도와줄 수 없기 때문이다.

과도하게 책임감을 느끼는 몽키 마인드에 얽매인 사람들은 타인의 잘못된 선택을 지적하고, 누구도 나서지 않는 일을 대신 떠맡으며, 자신을 존중하지 않거나 이용하려는 사람들에게 선을 긋지 못한다. 이러한 태도가 단기적으로는 당신에게 행복을 줄지 몰라도 지속된다면 당신은 영영 성장할 수 없다.

자기 자신에게 책임을 다할 때 더욱 건강하고 오랫동안 지속가능한 마인드셋이 탄생한다. 이 새로운 마인드셋을 통해 우리는 타인에게 좌우되지 않고 내 자신의 신체적 건강과 마음의 평온을 유지할 수 있게 된다. 다른 사람을 통제하려는 마음을 버리고 연민을 발휘한다면 사람들은 그 차이를 느끼기 시작할 것이다. 시간이 지나면 사람들은 당신이 제공하는 도움과 지지를 감사히 수용할 것이다.

과도한 책임을 짊어진 몽키 마인드셋과 그에 반대되는 확장 마인드셋의 예시를 몇 가지 살펴보자.

- **몽키 마인드셋** : 내가 사랑하는 사람이 잘못된 선택을 내린다면 그것을 바로 잡는 것이 내 책임이다. 내가 개입하지 않아 나쁜 결과가 벌어졌다면 나도 책임이 있다.

- **확장 마인드셋** : 자신의 삶과 선택은 스스로 책임져야 한다. 다른 이들의 행동에 따른 결과는 내 책임이 아니다.

- **몽키 마인드셋** : 누군가를 향해 선을 긋거나 내가 원하는 바를 밝힐 때 상대의 감정 상태까지 고려하고 책임져야 할 것 같은 부담을 느낀다.

- **확장 마인드셋** : 누군가를 향해 선을 긋거나 내가 원하는 바를 밝힐 때 상대의 감정을 헤아려 줄 수는 있지만 책임질 필요는 없다.

- **몽키 마인드셋** : 누군가 자신의 몫을 다 하지 않는다면 그 빈자리를 채우는 것이 내 책임이다.

- **확장 마인드셋** : 누군가 자신의 몫을 다 하지 않는다 해도 내가 굳이 나설 필요가 없다. 타인이 한 일 또는 하지 않은 일에 대한 결과를 수용할 준비가 되어 있다.

- **몽키 마인드셋** : 내 욕구보다 타인의 욕구를 우선시한다.

- **확장 마인드셋** : 나를 돌보는 일은 타인을 돌보는 것보다 더 중요하다.

- **몽키 마인드셋** : 누군가 고통에 빠지면 나도 괴로움을 느끼며 그들의 문제를 대신 해결해주려고 하거나 상대가 무엇을 잘못했기에 그런 결과를 맞이했는지 지적한다.

- **확장 마인드셋** : 고통에 빠진 상대의 이야기를 들어주되 이들의 문제를 바로잡거나 해결하는 것은 내 몫이 아니다.

point

자신에게 책임을 다할 때 더욱 건강하고 지속가능한 마인드셋을 가질 수 있다. 이 마인드셋을 통해서 건강과 마음의 평화를 유지할 수 있게 된다.

더 큰 세상을 향해 헤엄치기

확장 전략을 선택해야 하는 첫 번째 이유는 불안의 사이클을 끊어내기 위해서다. 몽키에게 바나나를 더 이상 지급하지 않을 때 당신이 상황을 해결할 수 있고, 앞으로도 경보를 울릴 필요가 없다는 메시지가 전달된다. 시간이 지날수록 몽키 마인드는 우리가 마주한 상황을 위협적이지 않다고 인식할 것이다.

두 번째 이유는 확장 전략을 통해 당신의 마인드셋을 완전히 변화시킬 새로운 경험을 할 수 있기 때문이다. 마인드셋이 더욱 확장될수록 어떤 상황이든 더욱 유연하게 대응하는 능력 또한 커진다. 낯선 사람들을 만나고, 낯선 장소에 가고, 낯선 상황을 맞닥뜨릴 때 더욱 자신감 있는 모습으로 응할 수 있다. 당신의 선택지가 한결 넓어지고 당신의 세상은 더욱 커진다.

당신의 계획과 다른 상황이 펼쳐져도 당황하지 않고 100퍼센트 완벽한 모습을 보여야 한다는 부담감을 느끼지 않으며, 다른 사람들의 문제를 해결해주려고 종종거리지 않는 삶을 한번 상상해보길 바란다.

여기까지 잘 따라와 준 당신에게 칭찬의 말을 건네고 싶다. 지금껏 해온 행동은 도움이 전혀 안 될뿐더러 불안을 가중시키기만 했다는 것을 깨달았을 것이다. 새로운 통찰력을 얻었으니 이제 당신 안에 자리 잡은 내면의 몽키가 오랜 세월 갈고 닦았으나, 결과적으로 아무런 효과도 없었던 시스템을 무너뜨릴 힘을 갖게 되었다. 이제 무한한 가능성을 지닌 큰 세상에 눈을 뜬 것이다.

책을 읽는 동안 어디선가 시끄럽게 떠들며 비명을 내지르는 소리가 들리는가? 몽키는 생존과 안전이라는 미션을 포기할 생각이 전혀 없다. 6장에서는 자신의 미션을 다하기 위해 몽키가 휘두르는 강력한 무기와 그에 대항하여 우리가 사용할 수 있는 강력한 대응책은 무엇인지 살펴볼 예정이다.

확장 전략을 선택해야 하는 이유는 불안의 사이클을 끊어내기 위해서다.
확장 전략을 통해 당신의 마인드셋을 변화시킬 새로운 경험을 할 수 있다.

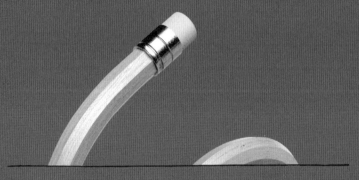

6장
불안함과 더 가까워지기

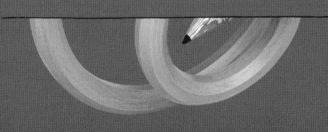

세상에는 피할 수 없는 일이 존재한다

대학교 1학년 여름 방학을 시작한 지 며칠 지난 아침, 줄리는 온몸에서 통증을 느끼며 눈을 떴다. 팔과 다리 곳곳이 아프고 관절이 쑤셔 몸살이 났다고 생각한 그녀는 머리끝까지 이불을 뒤집어쓰고 침대에 누웠다. 며칠이 지나도 통증이 사라지지 않자 슬슬 걱정이 되었다. 소프트볼 시즌이 다가오고 있었지만 팀 내 최고의 유격수로 손꼽히는 줄리는 도저히 경기를 뛸 수 없을 것 같았다. 온몸으로 밀려들었다 사라지는 원인 모를 통증 속에서 혼란과 우울을 느끼며 침대에만 머물렀다.

결국 병원에 가기 위해 옷을 갈아입던 중 그녀는 청바지가 줄어든 것 같다는 생각이 들었다. 병원에 다녀온 후, 그녀는 통증의 원인이 성장통이라는 것을 알게 되었다. 그 강도가 심하긴 했지만 지극히 정상적인 통증이었다. 견디는 것 외에는 달리 할 수 있는 일이 없었다. 병명을 안 이후로 줄리는 잠을 잘 때를 제외하고 더는 침대에 눕지 않았다. 불편함은 계속되었지만 소프트볼도 하고, 캠핑도 즐겼으며 데이트도 하는 등 여름마다 했던 활동들을 똑같이 했다. 가을이 되어 학교로 돌아간 줄리는 새로 산 옷들로 옷장을 채워야 했다. 여름 동안 무려 10센티미터나 자랐으니 어쩔 수 없었다.

이 이야기에서 흥미로운 점은 원인을 알게 된 후 완벽히 달라진 줄리의 태도다. 원인 모를 통증을 느꼈던 그녀는 처음에는 침대에만 누워 여름마다 했던 활동을 하나도 하지 않았다. 하지만 성장의 전조라는 통증의 실체를 알고 난 뒤 그녀는 통증에 다르게 반응했다. 어쩔 수 없는 통증이라는 것을 이해하자 고통에 대한 회복력이 크게 높아졌다.

당신도 확장 훈련이 성장통과 비슷하다는 것을 깨닫게 될 것이다. 부정적인 감정은 두 가지 형태로 나타난다. 첫째는 심박수가 증가하거나, 손바닥에서 땀이 배어 나오거나, 속이 불편해지는 등의 반응이 신체적으로 나타난다. 둘째는 불안, 좌절, 슬픔 등 고통스러운 정서를 심리적으로 경험하게 된다. 이런 불편함은 조치를 취하라는 몽키의 외침이다. 몽키의 요청에 반응을 보이지 않는다면 불쾌감은 점점 소리를 높여 시끄럽게 울려대는 화재경보기처럼 무시하기가 힘든 수준이 될 것이다.

성장하기 위해서는 몽키의 요구를 무시하고 안전 전략 대신 확장 전략을 선택해야만 한다. 극도로 불쾌하고도 견디기 어려운 부정적인 감정을 성장을 위해서 참아내야만 한다. 그래서 나는 부정적인 감정을 불가피한 감정이라고 여긴다. 몽키의 안전 지대에서 벗어나 삶을 확장하고 싶다면 부정적인 정서를 회피하거나 억누르는 대신 온전히 경험해야 한다.

부정적인 감정이 성장하는 데 꼭 필요하다 여기고 수용할 때 놀라운 세 가지 변화가 찾아온다.

- 부정적인 감정을 잘 처리할 수 있다는 것을 배운다.
- 몽키의 위협 경보를 무시하고 우리가 문제를 천천히 해결할 수 있다는

메시지를 몽키에게 전한다.

• 불안에 지배당하는 것이 아니라 의도에 따라 행동한다.

피할 수 없는 부정적인 감각과 감정에 반응하는 법을 찾길 바란다. 이런 불편함이 무언가 잘못되었다거나 조취를 취해야 한다는 경고가 아니라 참고 견뎌야 할 몽키의 짜증 정도로 여겨야 한다. 이렇게 반응할 때 회복력이 커지고, 새로운 경험과 배움이 가능해진다. 그 결과 확장 마인드셋이 강화되고 당신이 진정으로 원하던 목표를 향해 나아갈 수 있게 된다.

point 불편한 감정은 위협을 알리는 경보가 아니라 우리가 충분히 견딜 수 있는 몽키의 짜증임을 기억하자.

부정적인 감정을 긍정적으로 느끼기

의도적으로 부정적인 감각과 감정을 경험하라는 이야기가 터무니없게 들릴 것이다. 부정적인 감정과 감각을 받아들였다가 사라지지 않으면 어쩌지 하며 걱정할 것이다.

불편한 감정과 감각을 사라지게 만드는 유일한 방법은 온전히 수용하는 것이다. 몽키의 요구에 반응을 보이지 않는다면 그 어떤 감정이나 감각도 결국 잦아든다. 아무리 강력하다 해도 모든 감각과 감정은 시작과 중간 그리고 끝이 있기 마련이다. 한 차례 폭풍이 지나가듯 머물다 사라지고 먹구름이 걷히면 그 사이로 해가 비출 것이다.

자연에서 벌어지는 모든 일처럼 날씨도 우리의 통제 밖

에 있다. 오랜 경험을 통해 날씨가 바뀔 거라는 것을 알고 있기에 우리는 궂은 날도 당연하게 받아들이고 견뎌낸다. 마찬가지로 우리에게 찾아오는 감각과 감정을 통제할 필요가 없다고 믿고 기다려야 한다.

안전 전략은 효과가 빠르고 마음에 안도를 불러오는 탓에 마치 우리가 상황을 통제를 하고 있다는 착각을 불러일으킨다. 내가 어떤 행동을 하면 지금 이 기분에서 벗어날 수 있다고 믿는 것이다. 이는 의지력과 결과를 통제하는 능력을 중요시 하는 사회에서 자란 결과다.

지금껏 설명했듯이, 무언가를 하는 것은 일시적인 안정만 전해줄 뿐이다. 결과적으로 우리를 가두는 또 하나의 사이클이 된다. 불가피한 감정을 통제하려 들면 불편한 감정은 지속된다. 저항하려 할수록 오히려 지속된다는 말처럼 말이다. 그럼에도 우리는 고통을 온전히 경험한다는 것이 우리의 직관에 반하고, 단기적인 보상을 제공하지 않는다는 이유로 안전 전략을 선택한다.

불안은 우리를 수용할 수 없기 때문에 우리가 불안을 수용해야 한다. 불안에 새로이 반응하는 법을 배워야 한다. 열린 마음으로 감각과 감정을 환영하며 받아들인다. 쉽지 않겠지만 연습할수록 수월해지는 것만은 분명하다. 내담자들과 나는 이 과정을 '부정적인 감정을 긍정적으로 느끼기'라고 부른다.

불가피한 감정을 수용하려 할수록 회복력도 높아진다. 불안에 대해 높은 저항력이 생기면 몽키의 외침에 끌려다니던 삶에서 벗어날 수 있다. 하지만 태풍이 오기 전에 미리 창문을 걸어 잠그듯, 감정이 침입하지 못하게 마음을 걸어 잠근다면 저항력을 키울 수 없다. 통제하려는 마음을 버리고 활짝 열린 태도로 당신이 마땅히 느껴야 하는 감정을 온전히 느낄 때 회복력을 기를 수 있다.

우리가 언제 어디서든 활용할 수 있는 두 가지 강력한 도구가 없다면 불편한 감각과 감정을 수용하는 것은 아마 불가능한 일일 것이다. 이제부터 소개할 방법이 언뜻 보기에는 이해가 가지 않겠지만, 오랜 기간 내담자들을 진료하며 경험한 결과 부정적인 감각과 감정을 소화시키는 데 굉장히 효과가 좋다. 회복력을 높여주는 두 가지 방법 중 첫 번째는 불안을 처리하는 가장 기본적인 방법이자 어떤 상황에서도 쓸 수 있는 간편한 방법이다.

웰커밍 호흡

불안이 찾아오면 잠시 멈춰 가장 불쾌감이 느껴지는 신체 부위에 의식을 집중시킨다. 가슴이나 복부인가? 머리가 지끈거리거나 가슴이 두근거리는가? 불편함이 느껴지는 곳을 찾았다면 의식적으로 그 부분에 호흡이 들고 나도록 한다. 신선한 공기와 함께 불편함을 반갑게 맞이하는 상상을 한다. 확장 마인드셋을 강력하게 표현하는 방법이다.

밀어내지 않고 받아들인다는 생각으로 호흡을 계속한다. 숨을 들이마실 때마다 불편한 감정이 자리할 공간이 확장된다. 숨을 내쉴 때마다 통제하려는 마음을 내려놓는다. '불가피한 감정이야. 이 감정이 내 안에 머무는 동안은 반갑게 수용할 수 있어.'라고 필요한 만큼 충분히 되뇐다.

웰커밍 호흡이 처음에는 어색하게 느껴질 것이다. 운동을 할 때를 제외하고 평상시에는 폐의 극히 적은 부분만 활용해 얕게 호흡하는 것이 일반적이다. 격렬한 운동을 하는 중이 아니더라도 깊이 호흡하려고 노력해야한다. 산소를 더 많이 마신다고 해서 나쁠 것이 전혀 없다. 그러나 웰커밍 호흡을 하면 할수록 감정이 점차 변하는 것이 느낄 수 있을 것이다. 그 강도는 더욱 강해질 수도 있고, 약해질 수도 있다. 어쩌면 신체의 다른 곳으로 불편한 감각이 옮겨가거나 또 다른 감정들이 생겨날 수도 있다. 그럴 때는 이 감정들도 반갑게 수용한다. 어떤 변화가 찾아오든 계속 호흡하고 수용하며 감정이 그곳에 자리하도록, 변하도록, 멈추도록 내버려둔다. 어쩌면 끝내 멈추지 않고 이를 다시 반복하게 되더라도 괜찮다.

이 과정을 좀 더 수월하게 진행하기 위해서 전신을 활짝 열어 공간을 만들어준다. 서든, 앉든, 눕든 폐가 최대한 확장되도록 척추를 바로 하는 것이 중요하다. 감정이 이동할 수 있도록 여유 공간을 마련해야 한다. 손바닥을 활짝 펴는 것도 도움이 된다. 손을 펴는 것은 지금 벌어지고 있는 일들을 환영하고, 통제하려는 마음을 내려놓으며, 감정을 느낄 준비가 되어 있고, 그 감정이 어떻게 변하든 호흡을 통해 기꺼이 수용하겠다는 의미의 신체적 표현이다.

슈퍼마켓에서 떼를 쓰는 어린아이처럼 몽키가 난리를 피우며 더욱 불안한 생각과 감정을 불러온다고 해도 놀라지 말고 도리어 당연한 일이라 여겨야 한다. 호흡에만 집중하고 어떤 상황이든, 누가 찾아오든 웃는 얼굴로 맞이하라. 계속 의식을 호흡에 집중시키다 보면 어떤 감각이나 감정이 찾아오든 기꺼이 수용하는 자신의 모습에 놀라게 될 것이다.

한 번씩 감정에 매몰되어도, 정신이 분산되어도, 괴롭히는 감정을 끝까지 감당하지 못한다 해도 낙담하지 않길 바란다. 아마도 처음에는 집중하기 어려울 것이다. 웰커밍 호흡은 다른 어떤 테크닉과 마찬가지로 훈련이 필요하고, 수많은 감각과 감정을 수차례 경험해야 그에 대항하는 회복력을 기를 수 있다. 어떠한 감각이나 감정이 찾아와도 훈련의 기회로 여긴다면 성공하지 못한다 하더라도 당신은 성장하고 세계는 확장된다.

저항하기만 했던 대상을 받아들이는 일이 상당히 어려울 것이다. 핵심은 불편한 감정을 의도적으로 경험한다. 지금껏 불편한 감정을 느끼지 않기 위해 노력하며 살아왔기 때문에 이를 수용한다는 것은 실로 대단한 도전이다. 하지만 우리에게 반드시 필요한 일이다.

불가피한 감정이란 초대하지 않았음에도 어쩐 일인지 무턱대고 찾아오는 손님과도 같다. 어쨌거나 방문한다는 것을 안 이상, 차라리 초대장을 보낸다면 다루기가 한결 수월해질 것이다.

....

point 불안을 통제하려는 마음을 버리고 활짝 열린 태도로 당신이 느껴야 하는 감정을 온전히 느낄 때 회복력은 높아진다.

나를 불편하게 만드는 감각을 견디는 법

몽키가 주최하는 파티에 등장하는 불편한 손님은 비단 부정적인 감정만이 아니다. 불편한 신체 감각 또한 함께 찾아올 확률이 높다. 투쟁 도피 반응이 촉발되면 두뇌 속에서 벌어지는 신경학적, 생화학적 변화가 실제로 우리 몸을 장악한다.

이렇게 되면 이성적으로 사고하거나 현명하게 판단하는 능력이 사라진다. 이런 사태를 불러온 상황뿐 아니라 불편한 신체적 감각 또한 위험하다고 인지하기 쉽다. 공황 장애를 겪는 사람들에게는 특히나 그렇다. 무작정 환영하기 어려운 신체적 증상이 몇 가지 있다.

- 흉부 긴장

- 어지러움 또는 현기증

- 심박 증가

- 위 불편감

- 더위를 느끼거나 땀이 나는 증상

- 마비나 저림

- 시야 왜곡

　몸이 높은 강도의 불편한 증상을 느끼면 실제로 무언가 잘못되었다고 오인하기 쉽다. 심장이 빨리 뛰기 시작하면 심장 마비일지도 모른다고 경보를 울리는 몽키 마인드 때문에 불안은 더 높아진다. 현기증이 찾아오면 곧 쓰러질 것만 같고, 시야가 이상해지면 자신이 미쳐가거나 통제를 잃을 것 같다고 생각한다. 이런 감각이 찾아오면 정말 죽음이 가까워진 것 같거나 정신이 이상해진 것 같다고 느끼기 마련이라 흉부 통증, 현기증, 호흡 곤란 등의 공황 장애 증상으로 응급실을 찾는 사람들이 많다.

　불편한 신체 감각은 보통 위협적인 상황이라고 인지할 때 나타나지만 난데없이 찾아올 때도 있다. 그럴 때면 더욱 걱정스러운 생각이 든다. 하지만 우리의 신체는 이런 불편한 감각을 충분히 감당할 수 있다. 아무런 이유 없이 나타났을 때에도 말이다.

투쟁 도피 반응이 찾아왔지만 눈앞에 위협이 실재하지 않으면 이는 거짓 경보다. 일시적인 반응처럼 보여도 저항한다면 불편한 감각은 생각보다 오래 지속된다. 하등 쓸모없이 느껴지는 불편한 감각은 부정적인 감정과 마찬가지로 우리가 경험해야만 하는 일이다. 이를 반갑게 맞이할수록 우리 몸도 불편한 감각을 좀 더 수월하게 받아들일 수 있다.

호흡을 하며 불안 경보를 적극적으로 맞이하겠다는 태도를 취할 때 불안에 사로잡힐 확률이 현저히 낮아진다. 투쟁 도피 반응을 견디지 못하면 성장할 수 없다. 그렇기에 불편한 반응을 적극 받아들여 삶의 주도권을 쥐는 편이 나을 것이다.

point 불편한 감각은 부정적인 감정과 마찬가지로 우리가 경험해야만 하는 일이다. 이를 반갑게 맞이할수록 우리는 불편한 감각을 좀 더 수월하게 받아들일 수 있다.

마음을 내려놓는 연습

불편한 감정을 야기하는 상황을 찾는 것은 어렵지 않다. 기다렸다는 듯 당신 눈앞에 펼쳐질 것이다. 불편한 감정을 능숙하게 다룰 줄 알면 당신은 성장할 것이고, 당신에게 좋은 기회도 찾아올 것이다.

당신에게 가장 두렵고 피하고 싶은 상황이 있을 것이다. 에릭에게는 선택을 내리고, 직원들과 대립하고, 헬스장에 가는 것이었다. 마리아에게는 먼 곳으로 여행을 떠나는 것이고, 사만다에게는 아들을 포함해 다른 사람의 요구에 거절하는 상황이었다. 위험 부담이 큰 상황에서 어떻게 해야 하는지는 뒷장에서 논할 예정이다. 우선 지금은 적당히 불편한 상황을 저항, 회피, 외면이 아닌 기꺼이 수용하는 법을 알아보려고 한다.

일상 속에서 자주 마주하는 불편한 상황은 다음과 같다.

- 정지 신호가 길 때

- 줄을 서서 기다릴 때

- 무례한 운전자를 맞닥뜨릴 때

- 약속 시간에 늦었을 때

- 싫어하는 일을 할 때

- 누군가 당신에게 불평을 쏟아 놓을 때

- 지루한 회의나 수업 시간을 견뎌야 할 때

일상에서 불안하거나 불편한 상황을 마주할 일이 없다면 의도적으로 부정적인 감정을 직접 불러일으킬 수도 있다. 창의력을 발휘할 때다. 불편한 감정을 불러오는 몇 가지 상황을 들어보면 다음과 같다.

- 싫어하는 정치 후보자의 연설을 듣는다.

- 싫어하는 음악을 듣는다.

- 자신의 취향이 아닌 영화를 시청한다.

- 한 번도 시도해본 적 없고 그리 당기지 않는 음식을 주문한다.

- 핸드폰 없이 외출한다.

- 평소에 잘 입지 않는 옷을 입는다.

- 슬픈 글을 읽거나 음악을 듣는다.

불편한 감정과 상황을 기꺼이 받아들인다는 것은 추상적인 개념이나 목표가 아니다. 이는 단련시켜야 하는 근육에 가깝다. 웰커밍 훈련을 꾸준히 기록한다면 스스로의 상태를 파악하는 데 도움이 될 것이다.

웰커밍 훈련 기록표

요일/ 날짜	불가피한 감정	지속 시간	감각의 강도 (1-10)	정서의 강도 (1-10)	웰커밍 (1-10)
월요일	좌절 정지 신호 대기	30초	4	4	4
화요일	지루함, 짜증 지루한 회의 참석	1시간	6	7	6
목요일	불안 핸드폰 없이 산책	15분	2	5	5
토요일	불안, 죄책감 친구와의 저녁 약속에 5분 지각		6	7	4
월요일	분노 끼어드는 차량	5초	5	8	3

'감각의 강도' 칸에는 신체적 감각이 얼마나 강렬하게 나타났는지를 기록한다. 심장이 얼마나 빨리 뛰었는가? 근육의 긴장도는 어느 정도였는가? 속이 어느 정도로 메스꺼웠는가? 10은 가장 강렬한 수준이고 1은 주의를 기울이지 않았다면 모르고 지나가는 정도를 나타낸다.

'정서의 강도' 칸에는 당신이 마주한 상황에서 정서적 반응이 얼마나 강하게 일었는지를 표시한다. 일반적으로 슬픔, 불안, 두려움, 죄책감 등을 느낄 것이다. 정서의 강도와 신체에 전해지는 감각의 강도를 동일시하는 경우가 많다. 표를 작성하다 보면 신체적 감각과 정서적 경험을 구별하는 법을 깨닫게 된다.

불가피한 감정을 얼마나 잘 받아들였는지 평가하는 것이 어렵게 느껴질 것이다. 불가피한 감정을 수용하기 위해서는 불안에 대한 태도를 바꿔야 한다. 지금껏 저항해온 대상을 이제는 허용하고, 필수적인 요소로 수용하며 유연하게 받아들이고, 항복해야 한다. 처음에는 '웰커밍' 점수가 낮을 텐데 당연한 현상이다. 하지만 의식적으로 불안에 스스로를 노출시키다 보면 불가피한 감정을 편안히 받아들이는 법을 깨우칠 것이고, 변화를 확인할 수 있을 것이다.

웰커밍 훈련을 할 때 특정한 감정을 지우거나 통제하지 않아야 하고, 억지로 좋아하려 노력하지 말아야 한다. 그저 호흡을 통해 그 순간 일어나는 감정을 받아들인다. 들숨과 함께 감정을 받아들인다. 날숨과 함께 통제하려는 마음을 내려놓는다. 호흡할 때마다 회복력이 커지고 내면이 확장되고 있다는 것을 상기하며 필요한 만큼 충분히 호흡을 반복한다. 점차 부정적인 감정을 긍정적으로 느끼는 법을 체득해나갈 것이다.

웰커밍 호흡은 감정에 대한 회복력을 키우는 데 효과가 좋다. 다음에 소개할 두 번째 방법은 회복력을 크게 가속화시킨다. 또한 몽키의 시선을 확실히 끌 뿐 아니라, 불안의 사이클에도 제대로 제동을 건다.

---

point 웰커밍 훈련은 내가 느끼는 감정을 그대로 받아들이는 연습이다. 감정을 통제하려고 하지 말고 받아들이는 데 집중한다.

반대로 생각해보기

'반심리학reverse psychology(반대로 행동하고 싶어 하는 심리를 이용해 역으로 긍정적인 행동이나 사고를 유도하는 방법-옮긴이)' 전략을 시도하는 일은 모험에 가깝다. 심하게 떼를 부리는 아이를 향해 '더 해봐. 네가 원하는 대로 마음껏 소리쳐 봐'라고 대응하는 부모는 세상이 떠나갈 듯 내지르는 비명과 다른 쇼핑객의 성난 눈초리를 감내할 준비가 되어야 한다. 그러나 새로운 확장 전략을 쓰기로 굳게 마음먹고 불편함과 당혹감을 견뎌내기로 결심한 부모에게는 결국 보상이 주어진다. 부모가 얻은 보상은 떼를 쓴다고 해서 원하는 것을 얻을 수 없다는 것을 아이가 스스로 깨달은 것이다.

몽키를 훈련시키는 과정도 비슷하다. 부정적인 감정을 쏟아내도 보상을 받지 못할 것이라는 강력한 메시지를 몽키에게 전달해주어야 한다. 몽키의 경보를 무시할수록 몽키는 더욱 빨리 배울 수 있다.

하지만 몽키가 얼마나 빠르게 배우는 지는 당신의 통제 밖의 일이다. 확장 훈련은 사실 당신 자신을 훈련하는 과정이다. 불가피한 감정을 대범하게 받아들일 때 이 감정을 잘 견뎌낼 힘이 당신 안에 있음을 깨달을 수 있다. 어떤 일에도 대처할 수 있다는 것을 알게 되고 새로운 경험과 배움에도 도전하고 자신감도 얻을 수 있다. 따라서 능동적 참여 전략은 스스로에게 내가 충분히 처리할 수 있다는 메시지를 전하면서 훈련 속도를 높이는 방법이다.

당신이 문제 상황을 감당할 능력을 갖추는 것이 가장 중요하다. 마트에서 떼를 쓰는 아이에게 가르침을 주기 위해서는 우선 부모가 짜증을 참는 법부터 깨우쳐야 한다. 당신이 상황에 잘 대처하는 법을 깨닫지 못한다면 몽키는 당신에게 상황을 대처할 능력이 있다고 생각지 않는다.

그 방법을 빨리 깨우치기 위해서는 더욱 능동적으로 참

여해야 한다. 불가피한 감정을 더욱 많이 견뎌낼수록 새로운 경험과 배움의 기회도 더욱 늘어난다. 건강 염려증이 있는 마리아의 사례를 예로 들어 능동적 행동이 어떻게 진행되는지 알아보자.

- **불편한 감각** : 심박이 증가한다.
- **마리아** : 좋아. 심장이 더 빨리 뛰면 좋겠어.

- **불편한 감각** : 땀이 나고 몸이 떨리는 증상이 찾아온다.
- **마리아** : 좋아. 더 많이 땀을 흘리고 더 격렬하게 몸이 떨리면 좋겠어.

- **불편한 감각** : 온 몸이 저릿하다.
- **마리아** : 좋아. 좀 더 격렬하게 느낄 준비가 되어 있어.

- **불편한 감각** : 메스꺼움과 경련성 복통을 느낀다.
- **마리아** : 좋아. 메스꺼움과 복통을 더 많이 느낄 준비가 되어 있어.

당신이 무슨 생각을 하는지 안다. 불편한 감각을 더 많이 느끼겠다는 소리가 이상하게 들릴 것이다. 당신은 지금껏 불편함을 느끼지 않으려고 노력하며 살아왔다. 하지만 그런 노력이 좋은 결과를 이끌었는가?

이 '이상한' 전략이 효과가 있는 이유가 있다. 과거에 저항했던 불편함에 적극적으로 노출되고자 할 때 현재 마음에서 생기는 저항이 약해진다. 이렇게 강력한 명령을 계속 반복하면 의식이 온통 새로운 미션에 집중된다. 자기 자신에게 명령을 내리느라 몽키의 명령에 몰두할 수가 없다. 부정적인 감각과 감정에 적극적으로 노출될수록 훈련의 효과는 커진다.

---

point 그동안 불편함을 느끼지 않으려고 노력했지만 불안은 사라지지 않았다. 불편한 감정과 감각에 적극적으로 노출될 때 불안은 점차 힘을 잃는다.

불안은 통제할 수 없지만
불안에 대한 반응은 통제할 수 있다

불안과의 싸움에서 저항은 의미가 없다는 것을 깨달았을 것이다. 불안은 말 그대로 우리가 통제할 수 있는 영역 밖의 문제다. 불안은 해가 떠오르는 것처럼 당연하고 여름철 태풍처럼 자연의 순리와 같다. 따라서 불안에 대해서는 이렇게 접근해야 한다. 우리가 통제할 수 있는 것은 무엇인가?

불안에 대한 반응을 통제할 수 있다. 몸과 마음을 활짝 열고 호흡하며 불안이 제 몫을 다 하고 사라지도록 기다린다. 더 큰 불안에 능동적으로 참여하며 불안을 충분히 감당할 수 있다는 것을 자신과 몽키에게 보여준다. 부정적인 감정은 필연적이므로 피할 수 없다. 하지만 시간과 훈련을 계속

하며 부정적인 감정이 당신 안에 자리할 공간을 내어주다 보면 결국 이에 대한 신체 회복력을 기를 수 있다.

지금까지 우리의 세계를 확장하기 위해 거쳐야 하는 부정적인 경험에 대해 밀도 있게 다루었다. 불가피한 감각과 감정은 느닷없이 생기는 것이 아니다. 몽키가 위협을 감지했다는 신호다. 불안한 감정에 동반되는 불안한 생각은 제법 설득력 있는 모습으로 떼를 지어 무섭게 우리를 덮쳐온다. 감정과 생각에 저항하는 것은 에너지를 낭비하는 일이다. 7장에서는 내가 몽키의 비명monkey chatter이라고 부르는 걱정을 반갑게 맞이하는 방법에 대해 다룰 예정이다.

---

point 불안과 함께 찾아오는 불편한 감정과 감각을 단순히 경험하는 데서 그치지 않고 환영하며 받아들여야 마침내 사라질 수 있다.

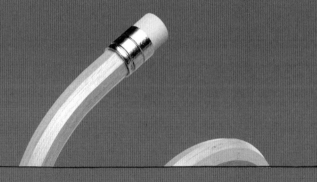

7장

걱정을 반갑게 맞이하는 법

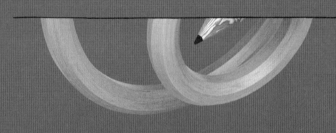

이성적 사고가 멈춘 이후

하루는 진료실에 들어오는 에릭의 얼굴이 잔뜩 구겨져 있었다. 며칠 전, 직원과 있었던 일로 상당히 스트레스를 받은 상태였다. 직원이 실수를 저지른 탓에 고객을 잃었고, 이런 일이 벌써 두 번째라고 내게 설명했다. 에릭이 특히나 불편했던 지점은 해당 직원은 에릭 친구의 아내로, 회사에서 함께 일하자고 제안했던 사람이 에릭 본인이었다는 것이다. 에릭은 직원을 문책해야 한다는 것이 괴로웠고, 그 일로 친구를 잃게 될까 봐 걱정했다. 어떻게 해야 할지 지난 이틀간 고민하느라 잠도 거의 자지 못한 상태였다.

에릭은 불안에 잠식당했다. 그의 머릿속을 지배한 불안

한 생각은 원초적인 위협에서 비롯되었다. '내가 그 사람을 해고하면 직원들이 전부 나를 싫어할 거야! 친구도 잃을 거고! 고객을 잃을 지도 몰라! 난 결국 혼자가 될 거야!' 몽키에게 지배당하면 이성적으로 사고할 수 없다. 머릿속에는 원초적인 위협을 감지하고 끽끽대는 원숭이의 비명처럼 불안한 생각이 정신없이 몰아친다. 에릭이 생각을 정리할 수 있도록 불안의 사이클을 직접 완성해볼 것을 제안했다.

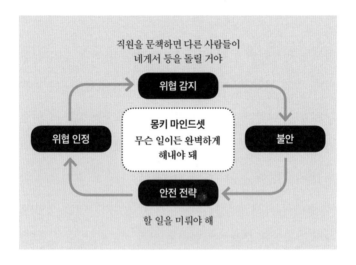

불안의 사이클을 완성한 에릭은 자신이 원초적인 위협을 확대 해석하고 있다는 것을 깨달았다. 자신이 해야 할 일을

한다고 회사 내 모든 사람들이 정말 그에게 등을 돌릴까? 아마도 아닐 것이다. 또한 에릭은 친한 친구를 포함해 몇몇 사람들이 분노한다고 해도 상황을 해결할 수 있는 자신의 능력을 과소평가 하고 있었다.

불안의 사이클을 정리하는 것이 도움이 되었다. 덕분에 현재 그가 맞닥뜨린 상황이 원초적인 위협과 무관하다는 것은 깨달았지만, 실수한 직원의 문제는 여전히 남아 있었다. 불안한 생각이 무언가 정말 잘못 되었으니 조치를 취해야 한다는 신호일 때도 있다. 하지만 머리를 가득 메우는 원숭이의 비명소리 때문에 에릭은 해당 문제에 어떤 조치를 취해야 하는지 결정할 수가 없었다.

에릭이 결정을 내릴 수 있도록 다음의 훈련을 제안했다. 머릿속의 잡음과 실제 위험 신호를 구분하는 데 도움이 되는 훈련이다.

문제 해결 다섯 단계

---

1. 문제의 실체를 파악한다.

2. 문제를 해결하는 데 취할 수 있는 네 가지 방법을 나열한다.

3. 각각의 조치에 따른 단기적, 장기적 결과를 검토한다.

4. 최고의 선택지를 골라 실행한다.

5. 일을 잘 마무리한 스스로를 칭찬한다.

....

첫 번째 단계를 시작하며 에릭에게 현재 당면한 문제를 최대한 간단하게 정리해보라고 요청했다. 그는 이렇게 말했다. "내가 고용한 직원 탓에 고객을 잃고 있다."

두 번째 단계에서 이 문제를 해결하기 위해 그가 할 수 있는 네 가지 조치를 떠올렸다. 최고의 해결책을 찾는 것이 아니라 자유롭게 머릿속에 떠오르는 방법을 브레인스토밍하는 과정이 필요하다. 에릭은 방법을 비교적 쉽게 떠올렸다. 직원을 해고하거나, 정직 처분을 내리거나, (직원의 배우자인) 친구와 상의를 하거나, 아무런 조치도 취하지 않는 것이었다.

세 번째 단계에서는 에릭은 각 해결책에 따른 단기적, 장기적 결과를 예측했다. 대응하지 않는 것이 가장 쉬운 선택지이지만, 어떤 식으로든 제재가 가해지지 않는다면 앞으로 더 많은 고객을 잃게 될 거라고 답했다. 해고를 한다면 향후 같은 일이 벌어질 가능성은 차단되지만, 자신이 불편한 입장이 될 것이고 친구와의 관계가 위태로울 수 있다고 밝혔다. 그녀의 배우자인 친구에게 상의하는 것은 별 효용이 없을 거라는 결론을 내렸다. 자신의 의무를 친구에게 대신 지우고 문제가 해결되길 바랄 수는 없었다.

마지막 선택지는 같은 실수가 반복되지 않도록 직원에게 정식으로 경고를 하는 것이었다. 단기적으로는 불편하고 힘든 일이지만, 직원이 또 한 번 같은 실수를 벌인다면 그때는 이번 처분을 바탕으로 해고를 하는 것이 가능했고, 인사 기록상으로도 해고가 정당한 절차임을 인정받을 수 있다. 에릭은 정직 처분을 내리는 것이 가장 좋은 선택이라고 결론을 내렸고, 여기에 향후 같은 실수를 반복하지 않도록 직원 훈련 프로그램을 추가하기로 결정했다.

이제 네 번째 단계인 실행이 남았다. 하지만 그는 여전히 불안해 보였다. 그는 친구와의 관계도 지키면서 향후 고객을 잃는 일도 방지하는, 완벽한 해결책을 찾고 싶어 했다. 에릭의 완벽주의 몽키 마인드셋이 작용한 탓이었다. 하지만 문제 해결에 완벽한 해결책이란 있을 수 없다. 있다면 그건 애초에 문제가 되지 않았을 것이다.

에릭이 선택한 방안으로 문제가 해결되지 않는다면 네 번째 단계로 돌아가 다른 선택을 실행해보길 권했다. 그 전에는 굳이 다른 선택지에 대해 생각할 필요가 없다고 말이다. 우선은 그가 결정한 바에 집중하는 것이 중요했다.

에릭은 마음이 전보다는 편안해졌으나, 자신이 걱정을 계속하게 될 것 같다며 불안해했다. 무엇을 할지 결정했다고 해서 에릭의 몽키가 조용히 할 거라는 의미는 아니다. 우리는 몽키가 계속 떠들어댈 거라고 예상했다. 몽키의 수다에 대응하는 방법으로 내가 가장 좋아하는 방법이자 언제 어디서나 효과를 발휘하는 방법을 에릭에게 소개해주었다.

---

point 문제 해결에 완벽한 해결책은 있을 수 없다. 문제 해결 다섯 단계를 통해 잡음과 위험 신호를 구분해보자.

불안과 적당한 거리 두는 법

나를 찾아오는 내담자들이 모두 그렇듯 에릭 또한 불안한 생각이 찾아오면 차단하는 것으로 대응했다. 차단이 통하지 않으면, 걱정해봤자 해결되는 것은 없다며 논리적으로 자신을 납득시키려 했다. 그러나 에릭은 이 방법으로 그리 큰 효과를 거두지 못했다.

몽키는 우리가 어찌할 수 없는 자연 현상의 일부와 같다. 우리가 저항하려 할수록 몽키 마인드는 더욱 오래 지속된다. 몽키를 무시할 수도, 억누를 수도 없고 몽키와 논쟁을 하려 들 수도 없다. 감지한 위협을 무시하려 노력하는 우리의 모습을 보며 오히려 그것이 위협이라고 확신하고 더욱 시끄럽게 떠들어댄다. 문제를 인지했고, 내가 해결할 수 있다는 메시지를 몽키에게 보내고 싶다면 제대로 확실하게 전달해야 한다.

당신의 의사를 정확히 밝히라고 해서 몽키처럼 목소리를 높여 고래고래 소리 지르라는 뜻은 아니다. 판단이나 반응을 하지 않고 그저 몽키가 하는 말을 들어야 한다. 여행객들에게 소지품을 잘 챙기라고 안내하는 공항 안내 방송처럼 몽키의 말을 귀 기울여 듣는 것이다. 불안한 생각이 아무리 당신의 머릿속을 휘저어도, 지긋지긋할 정도로 떠올라도 그때마다 그저 알아채고 인식한다.

부정적이고 두려운 생각들을 그저 인식할 때 그 생각을 온전히 경험할 수 있고, 부정적인 생각을 몽키의 경고로 받아들이지 않는 법을 훈련할 수 있다. 걱정에 휘말리는 대신 몽키와 적당한 거리를 두어 관찰자로 바라본다.

몽키의 외침이 너무도 크게 울려 관심을 주지 않을 수 없을 때면 우리가 해야 할 일은 불안한 생각을 그저 관찰하는 것이다. 몽키의 입을 막으려 하기보다 몽키의 비명에 반응하지 않고, 불안한 생각을 향해 고맙다는 인사를 전하면 된다.

오해에 휩싸여 있는 이 작은 동물은 당신의 안전을 지키려 최선을 다할 뿐이다. 떼를 쓰는 어린아이처럼 몽키를 이성적으로 설득하여 조용히 시킬 수가 없다. 화재 경보를 무시할 수 없는 것처럼 몽키의 비명은 단순히 무시할 수 없다. 따라서 몽키에게 예의 바르게 인사를 전하고 앞으로 나아가면 된다. 에릭의 사례를 들어 설명하자면, 직원과의 문제를 두고 쉼 없이 떠들어대는 몽키에게 이렇게 반응하는 것이다.

- **몽키의 비명** : 나쁜 의도가 아니라 단순한 실수였을 거야. 직원을 문책하는 것은 불공평해.
- **에릭** : 고마워, 몽키.

- **몽키의 비명** : 직원에게 이런 식으로 맞선다면 직원들은 너를 싫어하게 될 거고, 그럼 네가 세운 회사에서 넌 왕따가 될 거야.
- **에릭** : 고마워, 몽키.

- **몽키의 비명** : 친구의 아내에게 해고한다고 협박하면 안 돼. 용서받지 못할 배신이라고!

• **에릭** : 고마워, 몽키.

당신은 지금 불안에 점령당한 두뇌가 만들어낸 생각을 관찰하는 것이다. 이런 생각을 관찰하고 그에 반응하길 거절한다면 점차 당신과 당신의 생각 사이에 거리가 생겨날 것이고, 이내 생각에 대한 통제력도 커질 것이다. 생각을 관찰하고, 인식하고, 놓아주는 연습을 할 때마다 당신은 두뇌의 주도권을 찾는 데 있어 더욱 강해지고 능숙해지게 된다.

몽키의 비명소리에 당신의 주장을 계속 설득하고 있다면, 당장 행동을 멈추어야 한다. 몽키는 논리나 논쟁으로 설득할 수 없다. 몽키 마인드는 자신이 감지한 위협을 우리가 진짜로 인정하는지, 인정하지 않는지만 이해한다. 지금껏 당신은 몽키의 경보에 저항하는 것으로 몽키가 인지한 위협이 진짜라는 잘못된 가름침을 주었다. 이제는 멈출 때가 되었다. 당신이 몽키에게 가장 명료하게 메시지를 전달할 방법은 불안한 생각을 관찰하고, 고맙게 여기고, 새로운 확장 전략과 사고를 시도하는 것뿐이다.

당신의 목표는 몽키의 부름에 어떤 식으로든 휩쓸리거나

억누르지 않고, 단순히 무대응으로 일관하는 것이다. 몽키의 비명에 면역력을 길러야 한다. 그래야 몽키가 아무리 크게 울부짖고 자주 소리를 질러대도 당신의 목표를 향해 나아가며 세상을 확장해나갈 수 있다.

몽키의 비명이 크게 울려 신경이 쓰일 때 우리는 불안한 생각을 그저 관찰하면 된다. 몽키의 입을 막으려 하기보다 소리에 반응하지 않고, 불안한 생각을 향해 고맙다고 인사한다.

불안에 대응하는 역설적인 방법

한 주가 지나 에릭을 다시 만났다. 그는 일정상 실수를 저지른 직원과 미팅을 며칠 미루게 되었다고 했다. 덕분에 몽키는 직원과의 대립을 앞두고 며칠이나 신나게 떠들 시간이 주어진 셈이었다.

에릭은 '고마워, 몽키'라고 되뇌며 생각을 관찰하고 인식하고 놓아주는 연습을 했다. 낮에는 가능했지만 밤이 되어 몸과 마음이 피로해지면 불안의 사이클에 다시 휘말렸다. 침대에 누워 몽키에게 고맙다고 말을 하는 것이 한심하게 느껴졌고, 잠을 제대로 잘 수가 없었다. 그래서 몽키의 외침에 아주 강력한 힘을 발휘하는 '걱정 시간'을 에릭에게 소개해 주었다.

이제는 이 책에서 주장하는 불안에 대응하는 역설적인 방법에 꽤 익숙해졌을 것이다. 걱정 시간이란 이름처럼 의도적으로 걱정을 하는 시간을 말한다. 한 가지 차이점은 당신이 걱정 시간을 정할 수 있다. 몽키가 아니라 당신이 무엇을, 언제 걱정할지 직접 결정한다.

이 차이는 대단한 힘을 발휘한다. 걱정은 위협을 감지했을 때 우리가 그 반응으로 보이는 정신 활동이다. 걱정은 생각과 동반되는 부정적인 감정을 사전에 차단하기 위해 우리가 취하는 안전 전략인 셈이다. 몽키의 의견이 아닌 당신이 직접 언제 불안한 생각을 떠올릴지 결정한다면 상황을 주도할 수 있다. 걱정에 다르게 접근할 수 있다.

새로운 접근법으로 당신은 몽키와 대등한 위치에 놓이게 된다. 당신을 괴롭히는 사람에게 맞서는 것과 비슷한 논리다. '여긴 내 구역이야. 덤벼 봐. 그 정도는 내가 감당할 수 있어.'라는 메시지를 전한다.

당신이 계획을 세워 의도적으로 걱정에 몰입할 때 안전 전략은 확장 전략으로 바뀐다. 불안한 생각을 직접 파헤치

되 그에 저항하지 않는다. 걱정을 하고 있어도 몽키의 손에
는 바나나가 주어지지 않는 것이다.

걱정 시간

하루 중 일정 시간을 정해 걱정에만 온전히 몰입한다. 중요한 약속처럼
알람을 설정하거나 캘린더에 표시해둔다. 이미 예상하겠지만 당신이 설
레는 마음으로 기대하는 일이 아닌 만큼, 걱정 시간은 친구를 만나거나
영화를 보거나 무언가 재밌는 일을 하기 직전으로 정해두는 것이 좋다.
걱정과의 약속 시간이 가까워지면 누구에게도 방해받지 않을 공간을 찾
아 10분에서 20분 정도 타이머를 맞추고 걱정에 매달린다. 완전히 걱정
에 매몰되어야 한다. 타이머가 끝날 때까지는 멈추지 않는다.

떠오르는 생각과 감정에 대항하거나 억누르려고 해서는
안 된다. 당신이 주도하는 일이고, 당신이 원한 일이다. 수
문을 활짝 열고 밀려드는 모든 생각과 감정에 저항하지 않

고 흠뻑 젖어 들겠노라 당신이 선택했다. 몇몇 걱정에 대해서는 어떻게 풀어야 할지 해결책을 고민하기도 할 텐데, 절대 그러지 않길 바란다. 문제를 해결하는 것이 아니라 온전히 문제를 느끼는 시간이다.

그러다 보면 역으로 불안한 생각에서 멀어져 아무런 감정도 불러일으키지 않는 주제나 대상이 머릿속에 떠오를지도 모른다. 이때 다시 불안한 생각으로 의식을 돌려야 한다. 당신이 의도적으로 걱정만 하기로 결심한 걱정 시간이다. 걱정에 다시 의식을 집중시킬수록 효과는 커진다.

걱정 시간의 효과를 최대한으로 높이기 위해선 걱정을 글로 적어 소리 내어 읽거나, 미리 녹음해둔 음성 파일을 듣는 것이 좋다. 걱정을 글로 정리하기 위해 에릭에게 두 가지 질문을 했다. 듣기 좋은 소리로 포장하지 말고 가능한 구체적이고도 사실적으로 답을 적으라고 요청했다.

1. 일어날 수 있는 최악의 상황은 무엇인가?
2. 실제로 그 일이 벌어진다면 이 일이 나 자신, 내 삶과 내 미래에 어떤 영향을 미치는가?

떠올릴 수 있는 최악의 시나리오를 바탕으로 호러 영화 각본을 쓴다고 생각하고 두려움을 마음껏 표현해보라고 했다. 그는 이렇게 적었다.

그 직원이 또 다른 고객을 언짢게 하는 일이 벌어져 고객을 잃게 된다. 내 지적에 그 직원은 화를 낸다. 울면서 자기 잘못이 아니라고 우길지도 모른다. 회사 사람들은 전부 그녀 편을 든다. 퇴근 후 남편에게 내 흉을 본다. 화가 난 친구는 내가 불공평하고, 선을 넘었으며, 우리 우정은 끝났다고 소리를 지른다. 친구는 주변 사람들에게 내 욕을 하고 다니고 사람들은 전부 내게 등을 돌린다. 직원들은 물론 내가 아끼는 친구들까지도 모두 나를 밀어내고 나는 결국 혼자가 된다.

에릭은 글을 읽고 자신이 너무 극단적으로 생각하고 있음을 깨달았다. 그럼에도 에릭은 이런 상황이 벌어질까봐 계속 걱정된다며 불안해했다. 나는 에릭의 말이 오히려 반가웠다. 몽키의 경보를 계속 울리게 만드는 일이라면 걱정 시간에 쓰일 소재로 더할 나위 없이 훌륭했다.

다른 방법들과 마찬가지로 걱정 시간도 정기적으로 훈련해야 효과가 커진다. 내담자들에게는 적어도 일주일 동안은 하루에 한 번 걱정 시간을 가지라고 조언한다. 회복력은 반복을 통해서만 기를 수 있기 때문이다.

걱정 시간은 회복력을 길러주는 방법이자 몽키의 비명소리에 정신이 아득해질 때마다 활용할 수 있는 확장 전략이다. 걱정이 생기면 이 문제는 '내일 걱정 시간에 걱정하면 돼'라고 말하면 된다. 당신이 주도권을 쥐고 걱정을 미룬다면 몽키는 바나나를 얻지 못한다.

몽키 대신 바나나를 얻는 것은 당신이다. 새로운 경험과 학습으로 두뇌에 새로운 신경 회로가 생긴다. 어떠한 불안한 생각이 찾아와도 이를 중요하게 받아들이지 않고 반응하지 않는 법을 스스로 배우는 것이다. '만약 이렇게 되면 어떡하지, 이렇게 하면 어떨까' 하는 생각이 한 번 머릿속에 떠오르면 몽키의 비명이 울리기 시작한다. 하지만 당신은 견뎌낼 수 있다. 이렇게 당신의 삶이 확장되는 것이다.

---

point 걱정시간은 회복력을 길러준다. 우리가 몽키의 비명 소리에 정신이 아득해질 때마다 활용할 수 있는 방법이다.

191

변화를 받아들일 마음의 준비

걱정을 다루는 일은 그저 두뇌 활동일 뿐 아니라 전신 활동이기도 하다. 위에 소개한 몽키의 비명에 대응하다보면 부정적인 감정들이 강하게 밀려온다. 따라서 '웰커밍 호흡'과 능동적 참여 전략을 '고마워, 몽키', '걱정 시간' 법칙을 따로 또 같이 활용해야 한다.

6과 7장에 소개된 방법은 제각각 또는 함께 사용하는 것 외에도 교차 사용할 수 있다. 이를테면, 몽키의 비명에는 웰커밍 호흡으로 대응하는 것이다. 부정적인 감정에는 '고마워, 몽키' 전략을 쓰고, 걱정 시간 동안 부정적인 감각이 찾아올 때는 능동적 참여 전략을 활용할 수 있다. 자유롭게 전략을 교차하여 활용하길 바란다. 다양한 상황에서 이러한 전략을 활용한다면 회복력은 점점 높아질 것이다.

새로운 전략에는 새로운 스킬이 필요하다. 또한 부정적인 감정을 받아들이는 데 필요한 근육은 오랫동안 사용하지 않아 굳어버렸다. 지금껏 몽키 마인드셋이 당신의 삶을 지배했던 만큼 확장 훈련이 단기간 안에 끝나지 않을 거라는 마음의 준비는 필요하다. 사고방식과 행동을 변화시켜 적응하기까지는 반복은 필수다.

단기간에 변화하지 않는다는 사실이 나쁜 소식처럼 들리겠지만 그렇지 않다. 우리가 지금 여기서 훈련하고자 하는 것은 당신의 삶을 확장하는 것이다. 확장할수록 더욱 자유롭게 자신의 목표를 좇을 수 있고, 난관에 맞닥뜨렸을 때 더욱 유연하고 탄력적으로 대처할 수 있게 된다.

8장에서는 확장 훈련을 위한 두 가지 방법을 추가로 설명할 예정이다. 이 두 가지 방법은 성격이 서로 상반된다. 한 가지는 개념적이고 다른 한 가지는 구체적이다. 한 가지는 확장 훈련에 영감을 줄 것이고, 다른 한 가지는 훈련이 깊이 뿌리 내리도록 해줄 것이다. 각각 따로 활용해도 좋지만, 강력한 힘을 발휘하는 두 가지 방법을 함께 적용하면 더욱 효과가 크다. 대단한 시너지를 낸다는 것을 깨닫고 나면, 확장 훈련에 앞서 설명한 두 가지 방법을 함께 활용하고 싶어질 것이다.

point 다양한 전력을 활용해 부정적인 감정에 대응한다. 단기간에 바뀌지 않지만 우리의 회복력은 점차 높아질 것이다.

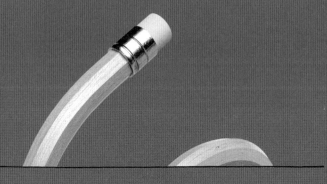

8장

나에게 가장 소중한 것을 찾다

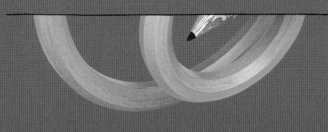

행복을 되찾기 위해 알아야 할 것

초등학교 시절, 당신이 마음을 담아 그린 그림을 보고 선생님이나 친구가 '이거 말처럼 안 보이는데?'라는 반응을 보였던 적이 있는가? 또는 혼자 노래를 부르는 당신을 향해 친구나 형제·자매가 얼굴을 찌푸렸던 적은? 이런 순간을 겪으며 우리는 자기표현의 즐거움에는 타인의 비판이라는 대가가 따른다는 것을 배웠다.

타인의 비판, 즉 집단에서 추방당할 수도 있다는 원초적인 두려움을 견딜 수 없을 때 우리는 사람들이 할 말을 미리 예측하고 내면화한다. 우리는 더 이상 그림을 그리지 않고 노래를 부르지 않는다. 심지어는 자신에게 아무런 재능

이 없다고 선언한다. 파블로 피카소가 남긴 유명한 말이 있다. "모든 아이는 예술가다. 문제는 성인이 되어서도 예술가로 남을 수 있냐는 것이다."

모두가 예술가가 되어야 한다는 뜻이 아니다. 하지만 삶에서는 어떤가? 생존에만 너무 사로잡힌 나머지 더 높은 가치를 마음껏 펼치지 못하고 살고 있지 않은가? 몽키의 경보에 얽매여 부정적인 감정에 매몰된다면 어처구니없을 정도로 엄격한 규칙에 따라 살 수밖에 없다. 100퍼센트 알기 위해 노력하고, 완벽하기 위해 최선을 다하며, 타인을 기쁘게 해주려 노력하지만 사실 이런 사고방식은 행복한 삶을 만들어주지 않는다. 창의성과 즉흥성, 개인의 목표를 희생하면서 그저 생존하는 데 자신의 삶을 바친다면 머지않아 큰 후회에 사로잡히게 될것이다.

우리는 삶을 만드는 예술가다

....

당신의 직업이 무엇이든 결정을 해야만 한다. 안전이 최우선이라는 몽키의 가치를 따라 살 것인가, 아니면 당신이 소중하게 여기는 가치를 따라 살 것인가? 우리가 이 땅에 온

목적은 알 수 없지만 그저 생존하는 것 이상이라는 점은 분명하다.

자신만의 걸작을 마음껏 그리며 콧노래를 부르는 아이, 작업실에서 세상에 없던 작품을 탄생시키는 예술가는 자신의 가치에 따라 삶을 사는 사람들이다. 모두에게 삶이란 예술을 행하는 예술가다. 당신에게 영감을 주는 가치는 무엇인가?

이 질문에 대한 답을 좀 더 쉽게 찾기 위해 목표와 방향이 되어줄 가치 리스트를 정리했다. 당신의 확장 훈련 목표와 방향을 제시해줄 가치를 찾아본다. 자신에게 가장 와 닿는 것에 동그라미를 치거나 직접 리스트를 만들어 눈에 잘 띄는 곳에 보관해두길 바란다.

내 삶의 목표와 방향이 되어줄 가치 리스트

자기수용	노력
유연성	호기심

성장	의사소통
회복력	기쁨
유머	독립성
열린 태도	재미 · 즐거움
모험	자기표현
현존	평화
마음챙김	책임감
창의성	연민
건강	명예
용기	진정성
영성	사랑
정직	신뢰

point 내 삶을 행복하게 만들 수 있는 사람은 나밖에 없다. 내가 원하는 가치는 무엇인지 찾아본다.

내 삶의 기준을 세우다

실제로 적용하지 않는다면 가치는 아무런 의미가 없다. 확장 훈련에서 어떻게 가치를 나침반으로 활용하는지 마리아와 에릭, 사만다의 사례를 들어 설명하겠다.

건강 염려증을 떨치고 싶었던 마리아는 건강 상태를 점검하고 이상이 없다는 것을 다시 확인하는 안전 전략을 당분간 멈추고 더 큰 불안에 스스로를 노출시키기로 결심했다. 신체적 감각에 대한 불확실성을 수용하는 확장 마인드셋을 찾고 계획도 세웠다. 해안선을 따라서만 항해하는 데지친 그녀는 미지의 세계로 나갈 준비를 마쳤다. 그러나 물살이 거칠어질 때는 어떻게 해야 할까? 그녀에게 힘이 되어

주고 결심을 지켜나가도록 도와줄 가치는 무엇일까?

안전과 확실성보다 더욱 중요하게 생각하는 가치가 무엇인지 묻자 그녀는 대답하기 어려워했다. 가치 리스트를 제시하자 마리아는 금세 몇 가지 짚었다.

즐거움, 유연함, 모험, 회복력, 현존

그녀에게 이 가치들을 핸드폰에 저장해두고 방향을 잃고 나침반이 필요한 순간마다 들여다본다면 훈련에 도움이 될 거라고 제안했다. 이 가치들은 새로운 태도를 실천하는 데 큰 영감을 불어 넣어주었다.

에릭의 확장 훈련은 의사결정 기한을 설정하고, 사람들과 함께하는 자리에 응하는 것이었다. 이 두 가지 다짐은 실수를 하면 사람들에게 비난을 듣거나 외면당할 것이라는 몽키 마인드셋에 대항하는 것이었다. 에릭에게 왜 새로운 마인드셋을 시도하기로 마음먹었는지 물었다. 그에게 안전보다 그에게 중요한 가치는 무엇일까?

> 자기수용, 노력, 진정성, 성장, 회복력, 용기

에릭은 언제든 꺼내볼 수 있도록 명함 뒷면에 이 가치들을 적은 뒤 지갑에 보관했다. 그는 새로운 훈련을 하는 동안 자주 꺼내보며 마음을 다졌다.

사만다가 그간 중요하게 여긴 단 하나의 가치는 바로 아들의 안전이었다. 숭고한 가치처럼 보일 수 있지만 사만다는 이 가치가 자신을 핸드폰이나 신용 카드로 이끌 뿐 그녀가 진정으로 원하는 방향으로 이끌어주지 않는다는 것을 알았다. 가치 리스트를 유심히 들여다본 후, 그녀는 아들의 안전을 대신할 가치를 찾았다. 사만다는 가치를 좀 더 명확하게 설정하기 위해 수정을 했다.

> (나의)건강, (아들을 향한) 신뢰, (나 자신에 대한) 책임감

자신이 정한 가치를 되새기기 위해 아들의 사진으로 해

두었던 핸드폰 배경화면을 본인의 사진으로 바꾸었다. 아들의 상태를 확인하려고 전화를 걸고 싶을 때마다 그녀는 배경화면 사진을 보며 자신이 책임져야 할 대상이 누구인지 상기했다. 언젠가 아들 사진으로 다시 바꿀 수도 있었지만, 그건 자신의 가치를 완벽히 새긴 후의 일이었다.

나만의 가치 리스트 만들기

....

'100퍼센트 알아야 해, 실수해선 안 돼, 모든 사람들에게 책임이 있어'라는 마인드셋이 당신의 가치와는 다른 방향으로 당신을 이끌고 있는가? 그 때문에 지금 어떠한 대가를 치르고 있는가? 당신이 삶의 기준으로 삼고 싶은 가치는 무엇인가?

> 모험, 재미, 창의성, 유연성, 성장, 안전

연습 삼아 당신이 아래의 상황에 놓여 있다고 가정하고 각각의 가치에 따라 방향이 어떻게 달라지는지 생각해보자.

낯선 도시를 거닐던 중, 배가 고픈 당신은

마침 한 시간 정도 여유가 생겼다.

- **가치** : 안전

- **방향** : 음식점 리뷰 어플에 별 다섯 개 식당을 찾아본다.

- **가치** : 모험

- **방향** : 현지 사람에게 식당을 추천받아 도전해본다.

상사가 주최하는 회의 방향이 당신의 생각과 다르게 흘러가고 있다.

- **가치** : 안전

- **방향** : 아무 말도 하지 않고 참관한다.

- **가치** : 진정성

- **방향** : 당신이 반대한다고 사람들에게 알리고 대안을 제안한다.

집이 지저분하다며 동반자가 불만을 표한다.

- **가치** : 안전
- **방향** : 동반자가 집에 없는 동안 청소를 깨끗이 해놓고 깜짝 놀라게 해
  준다.
- **가치** : 재미
- **방향** : '청소하는 금요일'을 정해 좋아하는 음악을 틀어놓고 함께 청소
  한다.

행사나 모임에서 얼굴은 알지만

이름은 도무지 기억이 나지 않는 사람을 만났다.

- **가치** : 안전
- **방향** : 이름이 떠오를 때까지 또는 어떻게든 이름을 알아내기 전까지는
  피해 다닌다.
- **가치** : 즉흥성

• **방향** : 상대에게 다가가 악수를 청하며 자신을 소개한다.

   우리가 일상 속에서 접하는 자신의 가치를 잊기 쉬운 상황의 예시를 살펴보았다. 평범한 일상에서는 물론 한 번씩 중대한 상황을 맞이했을 때 자신의 중요한 가치대로 행동하지 못하는 자신을 보며 이런 질문이 떠오르기 마련이다. 몽키가 시끄럽게 경보를 울리기까지 하면 내가 중요하게 여기는 가치를 기억이나 할 수 있을까?

point

때때로 불안해져 나에게 중요한 가치를 잊는 상황이 찾아올 수 있다. 그 때마다 다시 되새기고 방향을 찾으면 된다.

불안을 잠재우기 위한 준비물

사업가는 비즈니스 플랜이 있고, 학교에는 헌장이 있으며, 정치인들은 공약을 하고, 기업은 강령을 세우고, 국가에는 헌법이 있다. 당신 또한 자신의 가치를 어떻게 지켜나갈 것인지 계획하고 기록하면 큰 도움을 받을 수 있다.

내담자들이 훈련을 꾸준히 해나가는 데 도움을 주고자 확장 훈련에 대한 모든 요소를 한 눈에 정리한 확장 차트를 만들었다. 어떤 상황을 성장을 위한 계기로 삼았는지, 나침반이 되어주는 가치는 무엇인지 기록하는 차트다. 또 과거의 몽키 마인드셋과 안전 전략은 어떤 것이었고 새로운 확장 마인드셋과 확장 전략은 무엇이며, 이 상황에서 불가피하게 느껴야 할 감정은 무엇인지가 모두 담겨 있다. 확장 훈련을 시작하기 전에 나와 내담자가 함께 차트를 완성한다. 내담자에게 완성한 차트를 매일 읽어볼 것을 권하기도 한다.

확장 차트를 통해 수많은 내담자들의 삶이 변화하는 것을 지켜보며 나도 자주 활용하기 시작했다. 아래의 차트를 보면 실수에 대한 두려움이 글쓰기 작업을 가로막고 있다는 것을 확인할 수 있다. 아래는 완벽주의 몽키 마인드셋을 깨기 위해 내가 직접 작성한 확장 차트다.

문제/기회 : 글쓰기

가치 : 진정성, 자기수용, 창의성, 용기

몽키 마인드셋	확장 마인드셋
• 내가 무슨 말을 하고 싶은지 완벽하게 정리해야 하고, 분명하게 전달해야 하며, 좋은 글을 써야만 한다. • 내가 완벽하게 해내지 못하면 내가 부족한 사람이라는 것이 드러날 것이다.	• 창의성을 발휘하기 위해선 얼마간 위험을 감수해야 한다. • 무언가를 잘 하고 잘 하지 못하는 것은 인간으로서의 내 가치를 결정하지 않는다.

안전 전략	확장 전략
• 더 많이 조사해야 한다. • 확실한 그림이 그려질 때까지 기다린다. • 좌절감이 찾아오면 잠시 멈춘다.	• 글 쓰는 시간을 30분으로 정한다. • 완벽하지 않아도 괜찮다는 생각으로 자유롭게 글을 쓴다. • 웰커밍 호흡을 활용한다.

불가피한 감정 : 불안, 혼란, 좌절

확장 차트의 힘은 칸을 채우기에 앞서 머릿속으로 한 번 생각을 정리해보는 데 있다. 확장 훈련은 충분히 생각하고 실행해야 한다. 아무런 계획 없이 훈련을 시작하면 몽키 마인드에 사로잡히기 십상이다. 무작정 확장 훈련을 시작하는 것은 플레이북(미식축구에서 작전, 전술 등을 기록한 책-옮긴이) 없이 미식축구 팀을 지휘하려는 것과 같다.

나는 진정성 있는 모습을 보여주고, 창의적으로 생각하고, 나 자신에게 관대하자는 가치를 항상 기억하며 사는 것은 아니다. 내가 추구하는 가치를 직접 글로 쓰면서 내 안에 좀 더 깊이 새기고 목표를 세울 수 있었다. 확장 차트를 기록하는 과정을 거치면서 내가 어떻게 결심하고 행동해야 하는지 한결 분명하게 와 닿았다. 내가 느끼게 될 불가피한 감정을 종이에 적어내려가면서 이를 받아들이고 견뎌낼 마음의 준비를 할 수 있었다. 확장 전략 칸에 불안한 감정을 호흡으로 맞이하겠다고 적은 것을 주의 깊게 볼 필요가 있다. 웰커밍 호흡을 하며 불안을 수용하는 과정은 그리 어렵지 않고 호흡처럼 자연스럽고 편안하게 행할 수 있다는 것을 다시 한 번 상기할 수 있었다.

잠시 시간을 내어 당신의 확장 차트를 기록해보길 바란다. 그러면 전보다 훨씬 유리하게 불안에 대응할 수 있을 것이다. 몽키가 경보를 울릴 때 당신은 이미 준비가 되어 있을 것이다.

확장 차트 작성하는 법

---

1. 힘든 상황을 하나 떠올려본다. 지금껏 내내 미뤄 온 일이나 결정을 내리지 못해 고민만 하고 있는 사안일 수도 있다. 또는 곧 마주해야 할 불편한 문제, 누군가에게 '안돼' 라고 거절을 하거나 자신의 의견을 단호하게 전달해야 하는 사안, 오랫동안 당신을 괴롭힌 걱정거리가 될 수도 있다. '기회'라고 적힌 첫 번째 칸에 이 상황을 적는다.

2. 당신에게 중요한 가치를 적는다. 당신이 원하는 자신의 모습을 반영하고, 문제를 처리할 때 당신이 함양하고 싶은 태도가 무엇인지 생각해본다. 앞에서 소개한 가치 리스트를 참고하면 도움이 될 것이다.

3. 이때 나타날 몽키 마인드셋을 생각해본다. 5장에서 다루었던 다양한 사례를 다시 한 번 살펴보면 좋다.

4. 몽키 마인드셋과 반대되는 확장 마인드셋을 떠올린다.

5. 과거에 채택했던 안전 전략을 적는다. '최악의 상황을 피하기 위해서 어떤 행동을 취했는가?'라는 질문을 떠올려본다. 4장에 보편적으로 활용되는 안전 전략을 다시 한 번 살펴봐도 좋다.

6. 안전 전략 대신 활용할 확장 전략을 적는다(안전 전략의 정반대일 때가 많다).

7. 성장을 위해 반드시 경험하고 기꺼이 받아들여야 하는 불가피한 감정을 적는다. 투쟁 도피 반응에서 비롯된 감각과 부정적인 감정 모두 해당된다. 불가피한 감정을 예측하는 데 아래의 리스트를 참고하면 도움이 된다.

불안　당혹감　분노　죄책감　패닉　절망　좌절　수치심

....

확장 차트는 과거 당신을 집어 삼켰던 상황을 극복하는

첫 단계다. 확장 차트를 작성하며 안전을 위해 그간 희생했던 가치를 새삼 깨닫게 될 것이다. 과거의 마인드셋과 전략을 확인하고, 새로운 태도와 행동 방향을 찾아갈 수 있다. 성장과 확장이라는 목표를 이루기 위해 불가피한 감정도 기꺼이 받아들인다.

확장 차트가 주는 큰 선물은 닥칠 일에 미리 대비해 깜짝 기습이라는 몽키의 무기를 빼앗는 것이다. 몽키가 경보를 울리면 시속 320킬로미터로 온몸에 빠르게 퍼진다. 낌새를 느낄 새도 없이, 숨 한 번 내쉬기도 전에 이 경보가 당신을 완벽히 지배한다. 하지만 미리 대비가 되어 있다면 상황은 달라진다. 제대로 대비가 되어 있다면 깜짝 놀라는 것은 당신이 아니라 몽키다.

계획과 목표가 있다면 당신의 불안을 가동시키는 아주 사소한 상황도 삶을 확장할 기회로 활용할 수 있다. 9장에서는 몽키가 경보를 울리기를 기다리기보다 우리가 먼저 훈련의 기회를 만드는 방법에 대해 알아본다.

---

point 안전이라는 몽키의 가치가 아닌 자신의 가치를 우선시하고, 다양한 상황에서 가치를 적용하는 훈련을 할 때 삶이 확장된다.

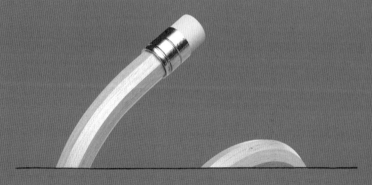

9장
천천히 한 걸음씩 내딛기

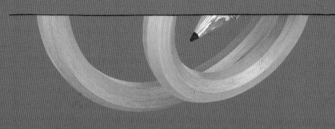

덜 위험한 것부터 먼저 하라

몇 십 년 전, 비디오 게임이 막 등장했을 당시 여섯 살 아들이 레밍즈Lemmings라는 게임을 하는 것을 보고 남편은 이렇게 말했다. "와, 이거 재밌어 보인다. 아빠도 해봐도 될까?" 1분도 채 지나지 않아 처참히 깨지고만 남편은 한숨을 내쉬었다. "게임에는 소질이 없나 보네."

우리의 어린 현자는 남편의 어깨에 손을 올리곤 이렇게 말했다. "괜찮아요, 아빠. 레벨 34를 깰 준비가 안 되었던 거 뿐이에요."

레벨 1 생존에 큰 위협이 되지 않는 상황에서 훈련하기

·········

매일 아침 눈을 떴을 때 몽키가 경보를 울리면 당신은 오늘 반드시 새로운 전략으로 반응하고 어떤 감정이든 반가이 받아들이겠다고 다짐하며 하루를 시작할 것이다. 하지만 아무리 마음을 단단히 먹어도 밤에 불안에 잠식되어 있지 않은 확률은 남편이 레밍즈 레벨 34를 깰 가능성과 비슷하다. 엄청난 불안으로 몽키가 기습 해올 때 확장 마인드셋을 유지하기란 상상을 초월할 정도로 어렵다.

불안에 대한 회복력을 어느 정도 갖추기 전까지는, 몽키에게 휘말리지 않을 가장 좋은 방안은 레벨1에서 훈련을 시작하는 것이다. 생존에 큰 위협이 되지 않을 만한 상황을 골라 확장 훈련을 해야 한다는 뜻이다. 저위험 상황은 심각한 불안을 초래할 확률이 낮은 상황으로 새로운 확장 마인드셋과 전략을 지켜나가기가 한결 수월하다.

다른 사람의 업무까지 끌어안느라 야근을 많이 하고 있는가? 내일 상사와 면담을 해서 현재 상황을 설명하고, 도움을 요청할 수도 있지만 내 할 일을 빠르게 마치고 정시에 퇴근하겠다는 계획을 세우는 편이 부담이 덜 할 것이다. 불확실함을 견디지 못하는 이유로 의사결정에 애를 먹고 있다면, 은퇴 계획을 세우기 전에 아이스크림 가게에 가서 자신이 한 번도 먹어보지 않았던 맛을 시도해보는 훈련도 좋다. 수행 불안을 낮추기 위해 테드 토크TED Talks 무대에 올라야 하는 것은 아니다. 친구들을 불러 직접 요리해 저녁 식사를 대접하는 것 또한 훈련이 된다. 이런 훈련은 완벽주의 몽키 마인드셋에도 효과가 있다. 위험도가 낮은 상황에서 연습하는 것이 효과가 있을까 싶겠지만 당신이 예상하는 것보다 많은 것을 배울 수 있다.

몽키 마인드셋은 상황을 가리지 않고 언제나 가동되기 때문에, 우리는 불안이 낮은 상황에서도 높은 상황일 때와 똑같은 안전 전략을 사용한다. 직장에서 100만 달러짜리 협상을 할 때도, 어떤 영화를 볼지 남편과 상의할 때도, 몽키는 항상 존재한다. 대학을 선택할 때도, 점심 메뉴를 고를 때도 몽키는 안전을 우선해 결정한다. 일상의 거의 모든 상황에서 당신의 가치와 몽키의 가치가 대립하고 있다. 따라서 아무리 일상적이고 사소한 상황이라 하더라도 새로운 마인드셋을 훈련할 기회로 삼을 수 있다.

에릭의 완벽주의 성향은 직장에서뿐 아니라 사적인 영역에서도 드러났다. 그는 과체중이라는 핑계로 헬스장에 가지 않았다. 음식을 만들다가 재료가 부족한 상황이 생기거나 음식을 태우는 게 싫어 요리도 하지 않았다. 부적절한 말을 하게 될 것이 두려워 이웃들과도 대화를 나누지 않았다. 그는 이런 일상적인 것들부터 확장 훈련을 하기로 했다.

마리아는 자신의 건강뿐 아니라 경제 상황, 친구, 물건을 구매할 때도 확신해야만 하는 성향을 보였다. 그녀는 오직 국채에만 투자했고, 교회에서 사귄 사람들과만 교류했으며, 신발을 사러 가서도 쉽게 결정하지 못했다. 사만다는 실종 전단지에 오른 반려동물에게도 책임감을 느꼈고, 카페에서는 셀프바에 놓인 우유 주전자가 비어 있어도 바리스타가 바빠 보이면 쉽사리 이야기를 하지 못했다. 두 사람 모두 훈련을 위한 상황을 찾는 것이 그리 어렵지 않았다.

당신의 레벨 1 상황은 무엇일까? 다양한 상황이 떠오르겠지만 어느 것을 택할 지는 온전히 당신의 몫이다. 당신을 불편하게 할 정도의 불안이나 투쟁 도피 반응이 촉발되지만 안전 전략으로 되돌아갈 정도로 아주 위험하지는 않는 최적의 난이도를 찾아야 한다.

지금쯤이면 몽키 마인드셋 세 가지 중 당신을 지금껏 지배해왔던 마인드셋이 무엇인지 파악했을 것이다. 각자 느끼는 불안에 따라 확장 훈련을 할 수 있는 상황 또한 다르다. 이 책에 등장하는 사례가 당신만의 레벨 1 상황을 찾는 데 도움이 되길 바란다. 아주 단순하고 재밌는 상황이나 상당히 만만치 않은 상황을 겪게 될 것이다. 크든 작든 각 상황마다 나름 힘겨운 도전을 마주하게 될 것이다. 현재의 안전지대를 벗어나되 당신이 감당할 수 있는 정도의 위험을 내포한 기회를 잘 고른다면 보람차고 즐겁게 훈련을 이어갈 수 있을 것이다.

point
당신에게 레벨1의 상황을 찾아보고 선택한다. 그리고 새로운 확장 훈련을 할 기회로 삼는다.

완벽하지 않은 모습 인정하기

실수를 허용치 않는 완벽주의 마인드셋을 지닌 사람들이 도전해볼 만한 상황이 몇 가지 있다. 당신에게 중요한 가치는 창의성과 위험, 모험이다. 수용과 연민도 추가하길 바란다. 이 두 가지는 불가피하게 실수를 저지른 상황에 도움이 될 것이다. 실수에서 회복하기 위해서는 유연성과 회복력도 필요하다.

완벽하지 않아도 괜찮다고 생각하는 사람의 마인드셋은 다음과 같다.

- 내가 잘 하는 일도 있고 부족한 일도 있으며, 이는 인간으로서의 내 가

치를 결정하지 않는다(무조건적 자기 수용).

- 실수, 비판, 비난은 내가 위험을 감수했다는 의미이자 내가 성장할 기회다.
- 나의 동기는 탁월함, 창의력, 목표의식이다.
- 타인의 성과에 비교하는 것보다 최선을 다하는 것이 더욱 중요하다.
- 인간은 완벽하지 않고, 실수를 저지르는 것이 당연하다.

일상에서 흔히 접하는 완벽주의자의 안전 전략과 반대되는 확장 전략의 예시다.

- **안전 전략** : 메일에 오류가 없는지 몇 번이나 확인한다.
- **확장 전략** : 메일을 쓰고 발송 버튼을 누른다.

- **안전 전략** : 사무 공간을 깔끔하게 정돈한다.
- **확장 전략** : 조금 어수선하게 둔다.

- **안전 전략** : 세금 정리 등 싫어하는 일을 미룬다.
- **확장 전략** : 시간을 정해 5분간 그 일에 매진한다.

- **안전 전략** : 완벽한 음식을 만들려고 노력한다.

- **확장 전략** : 타인을 위해 요리하는 과정에서 실수를 해도 된다.

행동 전략에 해당하는 예시를 보았다. 이제는 심리 전략을 훈련할 수 있는 사례를 살펴보자.

- **안전 전략** : 과거의 일을 되짚으며 어떤 실수를 저질렀는지 곱씹는다.

- **확장 전략** : 과거에 어떤 실수를 저질렀는지 몰라도 괜찮다.

- **안전 전략** : 문제가 떠오르면 걱정한다.

- **확장 전략** : 문제 해결 다섯 단계를 진행한다.

다음은 훈련을 도와줄 확장 차트다. 완벽주의 마인드셋을 지닌 사람들이 흔히 겪을 법한 문제를 차트로 정리했다.

기회 : 나를 증명해 보이지 않으면 사기꾼이라는 것이 들통 날거야(가면 증후군).

가치 : 진정성, 창의성, 자기 수용

몽키 마인드셋	확장 마인드셋
• 실수는 무능하다는 뜻이다. • 내 약점을 보여주면 사람들은 내가 부족하다고 생각할 것이다.	• 인간은 누구나 실수한다. • 나를 증명해보일 필요가 없다.
안전 전략	**확장 전략**
• 실수를 숨긴다. • 질문을 하거나 도움을 요청하지 않는다. • 실수를 방지하기 위해 정해진 시간 이후에도 남아서 일한다. • 휴식을 취하지 않는다. • 내 이야기를 하지 않는다.	• 실수를 인정한다. • 모르는 것은 질문을 하거나 도움을 요청한다. • 시간을 정해두고 일하고, 정시에 퇴근한다. • 새로운 것을 시도하고 실수를 허용한다. • 매일 한 가지씩 자신에 대한 이야기를 한다.

불가피한 감정 : 불안, 수치심, 당혹

기회 : 자꾸 미루게 된다.

가치 : 노력, 자기수용, 성장, 용기, 진정성

몽키 마인드셋	확장 마인드셋
• 무엇이든 완벽하게 해야 한다. • 내가 하는 일에 명확한 그림이 그려져 있어야 한다. • 혼란스러워 해서는 안 된다. • 최상의 컨디션일 때 일을 한다.	• 인간은 완벽할 수 없다. • 하면서 배우면 된다. 실수는 나를 성장시킨다. • 혼란은 과정의 일부이다. • 내가 최상의 컨디션일 때까지 일을 미루는 것보다 시작하는 것이 중요하다.
안전 전략	확장 전략
• 일의 시작을 미룬다. • 일은 시작하지 않고 몇 시간 째 조사만 한다. • 100퍼센트의 컨디션일 때만 일한다.	• 타이머로 5분을 맞추고 알람이 울리면 바로 시작한다. • 조사 시간을 제한하고 정해놓은 시간에 일을 시작한다. • 피곤하거나 혼란스러울 때 더욱 끈질기게 일에 매달린다.

불가피한 감정 : 불안, 혼란, 좌절

기회 : 회의, 수업, 타인과의 대화 등 사람들 앞에서 말하는 것이 두렵다.

가치 : 자기수용, 용기, 진정성, 창의성

몽키 마인드셋	확장 마인드셋
• 나는 똑똑하고, 재밌고, 흥미로운 사람이어야 한다. • 틀린 말이나 부적절한 이야기는 절대 해서는 안 된다. • 불안은 약점이자 모자람을 의미한다.	• 이야기를 하는 것만으로도 목표를 달성한 것이다. • 틀리거나 부정확한 것은 전혀 이상한 일이 아니다. • 내 불안은 나의 일부이자 나를 인간답게 만드는 요소다.
안전 전략	확장 전략
• 내가 할 말을 연습한다. • 내 의견을 밝히지 않고, 질문에 답하지 않는다. • 흐르는 땀과 붉게 달아오른 얼굴은 옷과 화장으로 감춘다.	• 머릿속에 떠오르는 말을 편하게 한다. • 사람들과 함께 하는 상황이 닥칠 때마다 한 가지 질문을 하거나 한 가지 의견을 밝힌다. • 불안하다는 것을 숨기지 않고 드러낸다.

불가피한 감정 : 불안, 수치심, 당혹감, 두려움

기회 : 지난 실수를 걱정하고 자꾸 떠올린다.

가치 : 자기수용, 위험, 재미, 현존

몽키 마인드셋	확장 마인드셋
• 실수를 저질러서는 안 된다. • 실수는 실패와 같다.	• 나를 포함해 누구나 실수를 저지른다. • '용기를 내어 도전하는 것'이 중요하다.
안전 전략	**확장 전략**
• 지난 과오를 혹독하게 반성해야 다음에 같은 실수를 반복하지 않는다. • 과거의 실수가 떠오를 때마다 걱정을 반복한다.	• 앞으로도 더 많은 실수를 하게 될 스스로를 용서한다. • 걱정 시간을 마련한다.

불가피한 감정 : 불안, 수치심, 당혹감, 두려움

point

완벽주의 마인드셋을 가진 사람들에게는 창의성과 모험, 수용과 연민이다. 또 실수에서 회복하기 위해 유연성과 회복력이 필요하다.

불확실성을 받아들이는 법

무엇이든 확실히 알지 못하면 마음의 평안을 찾을 수 없는 사람들이 새겨야 할 가치로는 삶이라는 거대한 혼란을 수용하는 자세, 뜻대로 흘러가지 않을 때 발휘할 유연성, 예상치 못한 일로 기습당했을 때 발휘해야 할 회복력이 있다. 주어진 것에 감사하는 마음 또한 잊어선 안 되는 가치다. 불확실성을 추구하는 확장 마인드셋의 특징은 다음과 같다.

- 미래의 일을 걱정하기보다 현재를 충실하게 사는 것이 더욱 중요하다.

- 위험하다는 확실한 증거가 있기 전까지는 안전하다고 믿는다.

- 계획대로 되지 않을 때는 유연하게 대처하는 법을 훈련한다.

- 결과를 통제하는 것이 아니라 할 수 있는 최선의 결과를 위해 합리적인 선 안에서 대비책을 강구한다.

불안을 야기하는 상황에서 흔히들 사용하는 안전 전략과 이에 대항하는 확장 전략은 다음과 같다.

- **안전 전략** : 사랑하는 사람이 잘 도착했는지 확인한다.
- **확장 전략** : 안전하다고 믿는다.

- **안전 전략** : 불편한 신체적 증상을 인터넷에 검색한다.
- **확장 전략** : 불편함이 느껴지는 곳에 호흡을 집중한다.

- **안전 전략** : 짐을 모두 다 챙겼는지 거듭 확인한다.
- **확장 전략** : 짐 싸는 시간을 제한한다.

- **안전 전략** : 확실할 때까지 결정을 미룬다.
- **확장 전략** : 자신이 없더라도 정해진 시간 내에 결정을 내린다.

행동 전략에 이어 심리 전략의 사례다.

- **안전 전략** : 최고의 선택을 내리기 위해 장점과 단점을 거듭 계산한다.

- **확장 전략** : 확실하지 않아도 된다는 것을 받아들인다. 불안을 더욱 적 극적으로 느낀다.

- **안전 전략** : 한 문제를 놓지 못하고 걱정을 계속 이어간다.

- **확장 전략** : '고마워, 몽키' 인사하고 적극적으로 걱정한다. 걱정 시간을 계획한다.

불확실성에 관련해 내담자들이 반복적으로 경험하는 몇 가지 문제 상황이 있었다. 아래의 확장 차트를 참고하면 비슷한 난관을 맞닥뜨렸을 때 도움이 된다.

기회 : 결정이 어렵다.

가치 : 용기, 유연성, 노력, 자율성, 자기수용

몽키 마인드셋	확장 마인드셋
• 내 선택에 확신을 가져야만 한다. • 내가 최고의 선택을 내렸다는 확신이 필요하다.	• 100퍼센트 확신할 필요는 없다. 내 선택의 결과가 나쁘다 하더라도 이겨낼 수 있다. • 확신이 있는 것보다 유연하고 탄력적으로 생각하는 태도가 더욱 중요하다.
안전 전략	**확장 전략**
• 새로운 일에 도전하지 않는다. • 의사결정을 미룬다. • 지나치게 조사한다. • 다른 사람에게 선택에 관한 조언을 구한다.	• 새로운 일을 시도한다. • 매일 선택해야 하는 상황을 만든다. • 조사에 들이는 시간을 정해둔다. • 혼자서 결정을 내린다.

불가피한 감정 : 불안, 수치심, 당혹감, 두려움

기회 : 사랑하는 사람들이 잘 지내는지, 챙겨야 할 물건을 잊지 않았는지, 잠금장치와 가스 등 해야 할 일을 잊지 않았는지, 몸에서 느껴지는 증상이 위험한 질병은 아닌지 확인한다.

가치 : 현존, 재미 · 즐거움, 회복력, 용기

몽키 마인드셋	확장 마인드셋
• 사람들이 안전한지 확인해야 한다. • 잊은 것은 없는지 확인해야 한다. • 돈이 충분한지 확인해야 한다. • 몸에서 나타나는 증상이 질병이 아니라는 것을 확인해야 한다.	• 위험하다는 증거가 있기 전까지는 안전하다고 믿는다. • 무언가를 잊었다면 유연성과 회복력을 기를 기회로 활용할 수 있다. • 현명하게 투자를 했다면 그 이후의 일은 내 통제 밖의 일이다. • 질병이 아니라는 것을 확신할 수 없는 것과 질병에 걸린 것은 다른 이야기다.
안전 전략	**확장 전략**
• 사람들에게 전화를 하거나 내게 연락을 달라고 요청한다. • 확실해질 때까지 몇 번이고 확인한다. • 투자 및 재정 상황을 관찰한다. • 증상을 온라인에 검색하거나 병원에 방문한다.	• 사람들에게 연락하는 횟수를 줄이거나 멈춘다. • 확인은 한 번이면 충분하다. • 일주일에 한 번만 투자 및 재정 상황을 확인한다. • 증상은 일주일에 한 번 확인한다.

불가피한 감정 : 의심, 불안

기회 : 지나치게 계획을 세우고 리스트를 만든다.

가치 : 유연성, 재미, 회복력, 현존

몽키 마인드셋	확장 마인드셋
• 모든 일이 계획대로 흘러가야 마음이 편하다. • 무언가를 잊는다는 것은 재앙이나 다름없다. • 나쁜 결과를 대비하고 그런 일이 벌어지지 않도록 해야 한다.	• 유연한 사고를 기른다. • 무언가를 잊는 것은 회복력을 함양할 기회이다. • 안전에만 집착한다면 현재의 순간을 누릴 수 없다.
안전 전략	**확장 전략**
• 지나치게 오랜 시간 계획을 세우는 데 낭비한다. • 언제나 만반의 계획을 갖춘다. • 계획을 지키기 위해 타인을 통제한다. • 무엇이든 적는다. • 머릿속에 리스트를 만든다. 다음 계획을 미리 점검한다. • 걱정한다. 문제를 예측하고 바로잡고 해결하려 든다.	• 계획하는 시간을 제한한다. • 다른 사람에게 계획을 맡긴다. • 사람들에게 중요한 일을 상기시키거나 잘못된 점을 바로잡으려 들지 않는다. • 하루 동안 리스트 없이 생활한다. • 불확실성을 추구해본다. • '고마워, 몽키'전략을 사용한 뒤 걱정 시간을 마련한다.

불가피한 감정 : 불안, 좌절, 분노, 짜증, 수치심(계획대로 흘러가지 않으면 자신이 무언가를 잘못했다고 생각한다)

---

point 무엇이든 확실하게 알아야 한다고 생각하는 사람들에게는 수용, 유연성, 회복력의 가치를 떠올리는 것이 도움이 된다.

이제는 책임감을 내려놓을 때

사랑하는 사람들의 건강과 행복이 자신에게 달려 있다는 사고방식을 지닌 사람들은 건강과 자율성의 가치를 바탕으로 자기 자신을 돌볼 줄 알아야 한다. 다른 사람들이 스스로를 책임지고 실수를 통해 교훈을 얻을 수 있음을 신뢰하며, 자신과 타인을 향해 정직, 존중, 연민의 태도를 보여야 한다.

책임감을 내려놓는 마인드셋은 다음과 같다.

- 사람들은 자신의 삶과 선택을 스스로 책임져야 한다. 이들의 행동에 따른 결과는 내 잘못이 아니다.
- 내가 가장 중요하게 책임져야 할 대상은 바로 나 자신이다.

- 누군가 자신의 몫을 다 하지 않는다 해도 내가 나설 필요는 없다. 타인의 결정을 수용할 준비가 되어 있다.

- 누군가 고통에 빠지면 연민 어린 마음으로 상대의 이야기를 들어주되 문제를 바로잡거나 해결하는 것은 내 몫이 아니다.

- 타인의 문제에 공감할 수는 있지만 책임질 필요는 없다.

- 원치 않은 일을 거절하고 선을 긋는 것은 내 권리를 지키는 행위다.

다음은 우리가 자주 쓰는 안전 전략과 그에 따른 확장 전략을 정리한 것이다. 혹시 이외에도 다른 확장 전략이 떠오르는가?

- **안전 전략** : 다른 사람의 실수를 처리해준다.
- **확장 전략** : 사람들이 알아서 해결하도록 둔다.

- **안전 전략** : 자신보다 타인을 중요시 한다.
- **확장 전략** : 일주일에 세 번은 나의 입장을 우선으로 내세운다.

- **안전 전략** : 타인의 문제에 해결책을 제시한다.
- **확장 전략** : 연민 어린 마음으로 이야기에 공감해준다.

- **안전 전략** : 타인의 부족한 부분을 채워준다.

- **확장 전략** : 타인의 문제를 지레 짐작하지 않는다.

행동 전략을 바꾸는 것만큼 심리 전략을 변화시키는 것은 중요하다. 혼자 있을 때에도 다른 이들을 생각하고 걱정하는 마음을 떨쳐야 한다. 타인의 삶을 통제할 수 없다는 점을 명심하고 그간 방치해둔 자기 돌봄에 집중하는 것이 현명하다. 모든 사람의 건강과 안전에 대한 책임이 있다는 사고방식에 대항하는 확장 심리 전략이 몇 가지 있다.

- **안전 전략** : 혼자 있을 때 타인이 처한 문제에 대한 고민한다.
- **확장 전략** : 의식적으로 자기 돌봄에 집중한다.

- **안전 전략** : 다른 사람을 도와주고 난 뒤에도 무엇을 더 할 수 있었을지, 어떻게 했어야 했는지를 마음속으로 곱씹는다.
- **확장 전략** : 실수할 수도 있다고 생각하며 더는 마음 쓰지 않는다.

확장 전략을 시도할 때마다 찾아올 불가피한 감정을 호흡으로 환영하는 것이 성공의 핵심이다. 과도한 책임감을 느끼는 사람들이 흔히 경험하는 문제를 몇 가지 사례로 정리했다. 아래의 사례를 참고해 자신의 어떤 점을 개선해나가야 할지 생각해보길 바란다.

기회 : 사랑하는 사람들에 대한 걱정을 멈추기 어렵다.

가치 : 존중, 자기돌봄, 건강, 독립성, 재미 · 즐거움, 회복력

몽키 마인드셋	확장 마인드셋
• 사랑하는 사람들에게 나쁜 일이 벌어지지 않도록 막아야 한다.	• 사람들은 자신의 인생에 책임을 지는 법을 배운다. • 타인을 통제하려 애써도 좋을 것이 없다. • 나쁜 결과를 전부 막을 수는 없다. • '마음을 내려놓을 줄' 알아야 건강하고 행복해질 수 있다.
안전 전략	**확장 전략**
• 타인의 잘못을 지적한다. • 사람들에게 조언한다. • 타인이 문제를 해결하는 데 도움을 준다.	• 실수를 하도록 내버려 둔다. • 문제 해결이 대신 이야기를 들어준다. • 사람들이 도움을 요청할 때 손을 내민다.

불가피한 감정 : 불안, 좌절, 분노, 짜증, 수치심(계획대로 흘러가지 않으면 자신이 무언가를 잘못했다고 생각한다)

기회 : 자기 주장을 내세우는 것이 어렵다.

가치 : 진정성, 용기, 존중, 건강

몽키 마인드셋	확장 마인드셋
• 타인의 감정에 책임이 있다. • 선을 그으려는 나 때문에 타인의 마음이 상했다면 그것은 내 잘못이다. • 사람들이 내 의견에 동의하지 않으면 내 생각이 잘못된 것이다.	• 내 의견을 감추면서까지 타인을 행복하게 해줄 필요가 없다. • 원치 않는 일에 거절하고 거리를 두는 것은 자기 돌봄이다. • 사람들이 내게 서운해 한다고 해서 내 잘못이라거나, 감정에 책임을 느껴야 하는 것은 아니다.
안전 전략	**확장 전략**
• 타인의 욕구와 바람이 내 것보다 중요하다. • 나 때문에 상대가 불쾌해한다면 한 발 물러나 양보한다. • 다른 사람들과 의견이 다를 때는 내 의견을 바꾼다.	• 내가 무엇을 원하는지 자유롭게 밝힌다. • 매일 거절하는 연습을 한다. • 사람들과 다른 의견을 제시한다.

불가피한 감정 : 죄책감, 불안, 좌절, 분노, 슬픔

기회 : 자신의 몫보다 더 많은 일을 하고 스스로를 돌보지 않는다.

가치 : 자기수용, 건강, 성장, 연민, 용기

몽키 마인드셋	확장 마인드셋
• 다른 사람들이 나서지 않으면 내가 해야 한다. • 일이 제대로 돌아가지 않으면 내가 개입해야 한다. • 모든 일이 다 마무리되고 난 후에야 내가 원하는 것을 한다. • 사람들을 모두 살핀 후에야 내 자신을 돌볼 수 있다.	• 나서는 사람이 없다 해도 내 잘못은 아니다. • 모든 일이 내 방식대로 되어야 하는 것은 아니다. • '모든 일'이 마무리되는 때는 오지 않으므로 얽매일 필요가 없다. • 나를 돌보는 것이 가장 중요하다.
안전 전략	**확장 전략**
• 아무도 하지 않는 일에 자원한다. • 고생하는 사람이 보이면 나서서 도와준다. • 타인의 욕구를 먼저 들어준다. • 자기 돌봄을 뒤로 미룬다.	• 자원해서 나서지 않고, 일을 맡아 달라는 부탁을 받아도 정중하게 거절한다. • 경험을 통해 일을 배우도록 지켜본다. • 거슬리는 일에 나서기 전, 5분 동안 자기 돌봄을 시행한다.

불가피한 감정 : 짜증, 좌절, 불안, 죄책감

두려움에 휩쓸리는 삶에서 나에게 중요한 가치를 따르는 삶으로 바꾸는 데 필요한 방법을 모두 설명했다. 이제 당신이 직접 시도해보는 일만 남았다. 처음에는 부담이 낮은 상황부터 도전하고 새로운 사고방식이 자리를 잡으면 다음 단계로 나아간다. 꾸준히 하다보면 불안에 대한 회복력이 높아져 과거에 문제가 되었던 상황에서도 유연하게 대처하게 될 것이다. 변화를 경험하면 자신의 세계를 계속 확장하고 싶다는 마음이 더욱 커질 것이다.

비행기가 이륙할 때 평균적으로 전체 연료의 25퍼센트를 소모한다. 항력 때문에 벌어지는 현상으로, 높은 고도에 자리잡으면 비행기의 연료효율성이 높아진다. 당신은 지금 활주로 위 비행기에 앉아 정말 날아오를 수 있을까 걱정하는 파일럿과도 같다. 여기서 항력은 과거의 습관과 관성이다. 중요한 이륙의 순간, 비행기에 힘을 보태줄 수 있는 게 무엇일까?

10장에서 확장 훈련을 지속하는 데 제트 연료가 되어줄 도구를 소개할 예정이다. 강력한 힘을 자랑하고 절대로 바닥나지 않는 연료다. 이 연료를 어떻게 활용할지 배우기 바란다.

사람들은 자신의 삶을 스스로 선택하고 책임져야 한다. 내가 중요하게 책임져야 할 사람은 타인이 아닌 나 자신이라는 생각을 떠올리며 책임감을 내려놓는 마인드셋을 훈련한다.

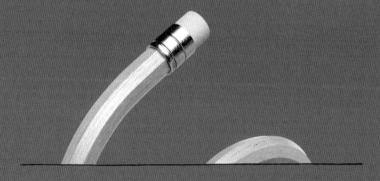

10장
가장 든든한 내 편

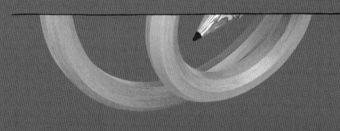

관종의 마음

조이는 유치원에서 몇 가지 문제 행동을 보였다. 친구들과 어울리고 싶은 마음이 앞서 다 함께 둥그렇게 둘러앉아 이야기를 나누는 시간이면 친구들을 만지고 잡아끌었다. 아이들은 귀찮게 하는 조이를 밀어냈다. 몇 번이나 문제 행동을 지적했음에도 나아지지 않자 선생님은 조이를 단체 활동에서 제외했고 조이는 더욱 외로움을 느꼈다. 나는 심리 상담센터를 열기 전, 여러 유치원의 조기 개입 프로그램을 담당하는 일을 맡았다. 유치원에서 거친 행동을 보이거나 교사의 말을 듣지 않는 등 정서적 또는 행동적 문제 행동을 보이는 아동이 있으면 심리치료사와 유아 교육 전문가를 파견해 상황을 관찰하고 문제를 해결했다.

여러 유치원에서 공통으로 발견했던 문제는 조이처럼 '말썽을 부리는' 아동이 문제 행동을 할 때 관심을 준다는 것이었다. 여기서 관심이란 아이를 훈육하거나 그룹 활동에서 아이를 제외하는 형태로 나타났다. 우리는 이런 식의 훈육이 효과가 없다고 지적했고, 교사들도 이를 잘 알고 있었다. 오히려 상황을 더욱 악화시키는 대처였다. 사람은 누구나 관심을 받고 싶어 하고 아동의 경우 특히나 그런 성향이 강하게 나타난다. 긍정적인 관심을 받지 못할 때는 부정적인 관심이라도 받고 싶어 하고, 심한 경우 부정적인 관심을 적극적으로 노리기도 한다.

우리가 유치원에서 가장 먼저 한 일은 교사가 바라는 행동이 무엇인지를 확실히 하는 것이었다. 선생님들이 조이에게 바라는 행동은 '다른 아이들에게 손을 대지 않는 것'이었다. 우리의 코칭 아래 교사들은 조이를 대상으로 새로운 훈련을 시작했다.

아주 잠깐이라도 조이가 얌전히 두 손을 무릎 위에 두거나, 다른 아이들을 방해하지 않을 때는 교사가 아이를 향해 미소 지으며 '조이, 다른 친구들에게 손대지 않고 있구나!' 말해주었다. 이외에도 조이를 포함한 아이들이 훌륭한 행동을 했을 때마다 놓치지 않고 언급했다.

이 전략이 교실에서 자리 잡자 조이는 물론 말썽을 부리던 아이들의 문제 행동이 줄어들었다. 반 분위기가 좋아졌고 아이들 모두 서로 포용하고 함께하는 문화가 생겨났다.

스스로 변화를 계속 관찰할 것

....

잘못된 행동을 하면 벌을 받아야 한다고 생각한다. 그래야 같은 잘못을 반복하지 않고 바르게 행동한다고 생각한다. 그래서 문제가 발생하면 자신이 무엇을 잘못하고 있는지에 초점을 맞추는 경향이 있다. 가령 장미 줄기를 손으로 잡아선 안 된다는 것과 같이 주변 환경에 대해서 배울 때만큼은 부정 강화가 교육에 도움이 된다. 하지만 다른 사람과의 관계나 자기 자신에 대한 문제에서만큼은 효과가 없다. 심리치료사로서 또 개인적으로 경험한 바에 따르면 올바른 행동을 하면 보상을 받는 경험이 쌓일 때 우리는 가장 빨리 배운다.

새롭고 어려운 무언가를 배울 때도 마찬가지다. 두 명의 피아니스트 실력이 같을 때, 좀 틀려도 집중력과 표현력이 좋다는 칭찬을 받은 피아니스트가 실수 없이 연주를 했을 때만 칭찬을 받은 피아니스트보다 좋은 음악을 연주할 확률이 높다.

자신의 행동을 변화시킬 때도 같은 논리로 접근해야 한다. 다만 여기서는 칭찬하는 사람 또한 자기 자신이 되어야 한다. 이 훈련에서는 당신이 교사이자 학생이다. 교사로서 학습 계획안을 마련해야 하고, 학생인 당신이 확장 마인드셋에 따라 행동하도록 목표를 세워야 한다. 유치원 선생님들이 조이가 다른 친구들을 건들지 않을 때마다 놓치지 않고 관심을 주었던 것처럼 교사인 당신은 자신이 목표한 행동을 하고 있는가에 온 관심을 기울여야 한다. 이때 다음의 질문을 염두에 두어야 한다. '나의 가치를 지켰는가? 확장 전략을 취했는가? 불가피한 감정을 잘 받아들였는가?'

자기 자신의 교사이자 코치가 되는 것이 어색하게 느껴지겠지만 그 역할을 충실하게 임해야 한다. 당신이 하지 않으면 그 역할은 몽키가 대신할 것이다. 자신의 경고에 반응하지 않는 당신을 몽키가 얌전히 앉아 지켜보고만 있지 않을 것이다. 몽키는 당신의 움직임에 맞춰 사이드라인을 따라 달리며 호루라기를 불고 소리를 질러댈 것이다. '너 지금 위험하다고! 지금 네가 뭘 하고 있는지 좀 봐! 큰일 났다고!' 하지만 스스로 자신의 코치가 되어 잘하고 있다고 칭찬해주면 몽키의 목표가 아닌 당신 자신의 목표에 온전히 집중할 수 있게 된다.

과정을 해내는 스스로를 칭찬한다

8장에서 소개했던 확장 차트의 확장 전략 칸에 내가 딱 30분 동안만 글쓰기에 집중하겠다고 기록했던 것을 기억할 것이다. 약속은 지켰으나 30분 동안 말도 안 되는 소리만 써내려가는 것 같은 기분을 지울 수 없었다. 남편과 내 책의 담당자가 이 글을 읽는 장면이 눈 앞에 펼쳐지면서 내가 지금 확장 훈련을 하고 있다는 것조차 잊고 말았다. 나는 몽키의 기준으로 글을 평가했다. 책으로 출간될 가치가 없는 글을 쓴다는 생각은 몽키의 원초적인 위협을 자극했다.

이내 불안에 사로잡혔다. 몽키의 요구는 충족시키기 불가능하다는 사실도 잊었다. 내 결과물은 훌륭해야 하고, 내게

흠집을 낼만한 실수가 결코 있어서는 안 되며, 모든 사람에게 인정을 받을 결과물을 만들어야 한다고 생각했다. 명중시켜야 할 목표가 너무나도 많았다.

만약 이런 생각이 든다면 당신이 기록한 확장 차트를 꺼내볼 때다. 30분간의 글쓰기를 마치고 나는 확장 차트를 꺼내들었다.

기회 : 30분 동안 글쓰기

가치 : 진정성, 자기수용, 창의성, 용기

몽키 마인드셋	확장 마인드셋
• 내가 무슨 말을 하고 싶은지 완벽하게 머릿속에 그려야 하고, 분명하게 전달해야 하며, 좋은 글을 써야만 한다. • 내가 완벽하게 해내지 못하면 내가 부족한 사람이라는 것이 드러날 것이다.	• 창의성을 발휘하기 위해선 얼마간 위험을 감수해야 한다. • 무언가를 잘 하고 잘 하지 못하는 것은 인간으로서의 내 가치를 결정하지 않는다.

안전 전략	확장 전략
• 더 많이 조사해야 한다.	• 글 쓰는 시간을 30분으로 제한한다.
• 확실한 그림이 그려질 때까지 기다린다.	• 완벽하지 않아도 괜찮다는 생각으로 자유롭게 글을 쓴다.
• 좌절감이 찾아오면 잠시 멈춘다.	• 웰커밍 호흡을 활용한다.

불가피한 감정 : 불안, 혼란, 좌절

확장 차트를 다시 읽어 보니 논리 정연하게 글을 써야 한다는 내용이 없었다. 내가 세운 목표는 30분 동안 글을 쓰고, 내가 정한 가치를 따르고, 확장 전략을 활용하고, 불가피한 감정을 온전히 받아들이겠다는 것이었다.

잠시 생각해봤다. 내가 창의력을 발휘했는가? 진짜 내 모습을 보여주었는가? 용기 있는 자세로 임했는가? 모두 다 '예스!'였다. 30분 글쓰기 시간을 지켰는가? 완벽을 추구하지 않았는가? 불가피한 감정을 수용했는가? 또 전부 '예스'였다.

목표한 바를 잘 지켰고, 이를 기리기 위해 내가 성공적으로 수행한 부분에 체크했다. 새로운 확장 전략과 확장 마인드셋이 내 안에 완벽히 새겨지기 전까지는 내가 나의 현명한 교사이자 코치가 되어 칭찬을 해주어야 했다.

나는 수많은 내담자들이 나처럼 한 번씩 목표를 잃고 흔들리는 모습을 자주 목격했다. 나는 사람들 앞에서 말하는 것을 두려워하는 내담자들을 대상으로 한 가지 훈련을 진행했는데 진료실에서 5분간 프레젠테이션 발표를 하는 것이었다. 아무런 준비 없이 훈련만 하는 것은 의미가 없으므로 프레젠테이션을 하기 전에 확장 차트를 작성하도록 한다.

하지만 아무리 준비를 해도 몽키를 조용히 시키기엔 부족하다. 발표를 시작하고 불가피한 감정이 밀려드는 순간, 어쩔 수 없이 불안에 사로잡히는 증상을 경험한다. 발표가 끝나고 본인의 프레젠테이션 점수를 직접 매겨보라고 하면, 하나같이 발표가 엉망이었다고 낮은 점수를 준다. 다들 이렇게 말한다. "머리가 순간적으로 텅 비었어요. 너무 긴장이 되어서 말을 자꾸 더듬거렸어요."

자신이 기록한 확장 차트를 다시 읽고 프레젠테이션을 되돌아보는 내담자들은 놀라는 동시에 안심하는 표정을 짓는다. 어떤 가치를 지켰는가? 어떤 태도로 임했는가? 어떤 전략을 취했는가? 스스로에게 질문하며 성공적으로 훈련을 마쳤다는 것을 마침내 깨닫는다.

기회 : 프레젠테이션 발표한다

가치 : 용기, 진정성, 성장, 기회

몽키 마인드셋	확장 마인드셋
• 하고 싶은 말을 완벽하게 하게 전달해야 하며, 잘 해내야만 한다. • 잘 하지 못하거나 불안해한다는 것을 드러내면 사람들은 나를 실패자라고 생각할 것이다.	• 표적 정중앙을 맞히는 것보다 과녁 위에 화살을 꽂는 것이 더욱 중요하다. • 무언가를 잘 하고 잘 하지 못하는 것은 인간으로서의 내 가치를 결정하지 않는다.
안전 전략	**확장 전략**
• 프레젠테이션을 하지 않는다. • 청중을 쳐다보지 않는다. • 똑똑한 사람처럼 보이려 한다. • 불안하다는 티를 내선 안 된다. • 프레젠테이션을 중단하거나 자리를 떠난다.	• 제니퍼에게 시선을 둔다. • 5분 동안 세 가지 핵심 내용을 전달한다. • 얼굴이 달아오르고, 땀을 흘리는 긴장한 모습을 보여준다. • 불안해도 발표를 멈추지 않는다.

불가피한 감정 : 불안, 패닉, 땀 흘리기, 떨림, 얼굴 붉히기

내담자들은 자신이 완수한 일에 체크를 해가며 점점 현명한 교사로 변해간다. 체크한 사항이 많아질수록 자기 자신을 인정해주고 칭찬한다. 확장 차트를 기준으로 앞서 했던 프레젠테이션을 다시 평가해줄 것을 요청하면 내담자들은 거의 A를 준다.

흔치는 않지만 이와 정반대의 상황도 벌어진다. 놀라울 정도로 매끄럽게 프레젠테이션을 마친 뒤 자신감 넘치는 모습을 보이고, 그리 긴장하지 않고, 자신이 해야 할 말을 빠짐없이 한다. 이런 경우, 스스로 A를 준다. 표적 정중앙을 맞혔다고 좋은 점수를 주는 것이었다.

중요한 건 결과가 아니라 훈련 과정을 평가하는 것이다. 자신이 정한 가치를 지켰는가? 확장 마인드셋으로 확장 전략을 따랐는가? 이것이 당신이 통제할 수 있는 일이다. 이것에 집중해야 새로운 경험과 배움이 가능해진다.

표적 정중앙을 맞혔거나 훈련이 그리 긴장되거나 불안하지 않았다면 다음 단계로 올라갈 준비가 되었다는 의미다. 하지만 불가피한 감정을 온전히 경험하지 않았다면 미래에 닥칠 불안에 대한 회복력을 기를 수 있는 기회는 놓친 것이다. 확장 훈련의 본질은 표적 한가운데를 맞히는 것이 아니다.

차트에 체크를 하는 것 외에도 자기 자신에게 긍정적인 피드백을 줄 방법은 많다. 이를테면, 나는 내담자들에게 점수를 준다. "정말 잘 하셨어요! 1점 드릴게요." 점수를 실제로 기록하는 것은 아니지만 효과는 마찬가지다. 진료 중에 내담자가 불가피한 감정을 잘 받아들이는 모습을 보이면 '멋져요', '훌륭해요', '계속 그렇게 하시면 돼요'라고 놓치지 않고 언급한다. 그럴 때마다 칭찬이 얼마나 대단한 힘을 발휘한지 몸소 느낀다.

확장 훈련을 하는 동안, 당신은 자신의 교사이자 코치가 되어주길 바란다. 계획을 세우는 것도, 실행을 하는 것도, 부정적인 감정을 기꺼이 받아들이는 용기를 내는 훈련의 전 과정을 빠짐없이 칭찬해준다. 단, 결과만 빼고 말이다. 확장 훈련에서 칭찬의 역할이 얼마나 대단한지 보여주기 위해 마리아와 에릭, 사만다의 이야기를 들려주고자 한다. 처음 몇 주간의 훈련 동안 세 사람 모두 어려움과 나름의 보상을 경험했다.

100점 짜리 과정

....

마리아는 확인하고 싶은 욕구를 참는 연습을 시작했던 첫 주는 '엉망진창'이었다고 설명했다. 하루에 한 번만 증상을 인터넷에 검색하기로 결심했지만 며칠이 지나자 그 약속을 어기고 말았다. 의사에게 전화를 하거나 남편과 증상에 대해 상의를 하는 것도 멈추기로 했으나 몇 번이나 하고 말았다. 진료실에 찾아온 그녀는 이렇다 할 성과를 보인 것 같지 않다며 자신 없어 했다.

나는 신체 이상을 확인하지 않으면 치명적인 질병을 놓치게 될 수도 있다고 몽키가 시끄럽게 떠든 것이 몇 번이나 되었느냐고 마리아에게 물었다. "수십 번이요." 그녀는 이렇게 답했다.

두 번째 질문을 했다. 몽키가 이번 증상은 처음 경험하는 거라고 또는 전에 경험했던 것보다 심각하다고 비명을 질렀던 것은 몇 번쯤 되었냐고 물었다. "아주 많죠." 그녀는 웃으며 말했다.

마지막 질문을 했다. 그 주에 몽키에게 고맙다고 전하며 '나는 불확실성을 포용하며 살아가기로 했어'라고 대꾸했던 것은 얼마나 되냐고 물었다. 이것이 우리가 계획한 확장 마인드셋과 전략의 핵심이다. 마리아의 두 눈이 반짝였다. "셀 수 없을 정도로 많아요. 이번 주 훈련으로 제게 100점을 줘야겠네요."

마리아는 훌륭한 한 주를 보냈다. 확장 마인드셋을 끊임없이 상기하며 몽키 마인드셋 대신 새로운 마인드셋을 실천했다. 자신이 투쟁 도피 반응과 부정적인 감정을 얼마나 잘 받아들였는지 떠올린 그녀는 안전 전략으로 후퇴한 것을 혼내기보다는 잘한 일을 스스로 칭찬했다.

초점을 맞추다

....

문제를 일으킨 직원과 면담을 나눈 후 진료실에 방문한 에릭에게 미팅이 잘 진행되었는지 물었다. "별로요." 그는 이렇게 답했다. 그는 직원과의 미팅 자리에서 너무 긴장했고, 직원은 방어적으로 나왔다고 했다. 에릭은 직원이 무엇을 잘못했는지 밝히고, 자신의 친구이기도 한 직원의 남편이 후에 상황을 안다면 어떤 반응을 보일지에 대해 이야기를 나누고 싶었다.

하지만 에릭은 불안에 사로 잡혔다. 그는 불안해 보이는 기색 없이 당당하고 확신에 찬 모습으로 대화를 해야 한다는 생각에 얽매였다. 직원이 부정적으로 반응하자 그는 자신이 상황을 잘 이끌지 못한 탓이라고 자책했다. 자신이 실수를 저질렀고, 곧 있으면 회사 내 모든 사람들이 알게 될 거라고 믿었다. 과거의 완벽주의 마인드셋이 그를 조종하고 있었다. 그런 그를 안심시키고 직원과의 문제를 해결하는 데 도움을 줄 수도 있었지만, 그런 접근법은 에릭의 확장 훈련에 도움이 되지 않는다고 판단했다.

그래서 나는 에릭에게 확장 전략이 무엇이었는지 물었다. 잠시 기억을 더듬던 그는 직원과 솔직하게 대화하고 직원 훈련 프로그램을 제공하는 것이었다고 답했다. 그는 미팅 시간에 불안했고, 직원도 좋은 모습을 보이지 않았지만 에릭은 결심했던 대로 솔직하게 대화하고 트레이닝 프로그램을 제안했다. 그가 잘한 일에 다시 초점을 맞추어 자기 자신의 등을 두드려주며 칭찬하도록 했다.

내담자들이 목표했던 행동을 실천했을 때면 실제로 자신의 등을 두드려 칭찬하도록 하고, 나도 항상 내 등을 두드리며 칭찬을 한다. 직접 자신의 등을 두드리는 것이 한심해 보이겠지만, 완벽하지 않았다고 스스로를 비난하는 것이 더욱 한심한 짓이다.

견디는 힘을 더해준 칭찬 스티커

....

과도하게 책임감을 느끼는 사만다의 경우 아들에게 안부 전화를 하지 않는 것이 무척이나 힘든 일이었고, 그녀는 그 욕구를 이겨낼 때마다 기발한 방법으로 자신에게 보상하기로 결심했다. 학생 때 별 스티커를 받으며 무척이나 행복했던 것을 떠올리고는 스스로에게 칭찬 스티커를 주기로 한 것이다. 아들이 무사한지 확인하고 싶다는 충동이 일 때마다 그녀는 아들의 삶을 책임질 필요가 없다는 사실을 떠올리며 별 스티커를 붙였다. 웰커밍 호흡으로 불안을 다스릴 때도 스티커를 붙였다. 아들에게 연락하고 싶다는 충동을 참을 때에도 마찬가지였다.

한 번씩은 참지 못하고 아들의 안부를 묻기도 했고, 이런 행동이 몇 주나 지속되기도 했지만 확장 전략과 확장 마인드셋을 활용할 때는 별 스티커를 붙였다. 한 주가 끝날 때마다 훈련이 잘 되고 있다는 증거로 반짝이는 별이 가득했다.

격려와 칭찬의 힘

....

등을 두드려주고, 가상의 점수를 매기고, 확장 차트에 별이나 웃는 표정을 그리는 등 스스로에게 보상하는 방법은 다양하다. 친구나 가족도 훈련하고 있다면 서로 도움을 주는 것도 좋은 방법이다.

힘든 하루를 보낸 뒤 친구나 가족에게 짜증을 내거나 화풀이를 하기 쉽지만, 확장 훈련을 한다면 한결 긍정적인 대화가 오갈 수 있다. 자신을 힘들게 하는 난관과 부정적인 감정에 대해 공유하고, 새로운 경험과 배움에 대해 논하는 것은 무척이나 즐겁고도 영감을 불어넣는 대화 주제다. 내가 훈련을 하는 동안에는 내 경험을 남편에게 들려줄 수 있는 저녁 시간이 무척이나 기다려진다. 남편에게서 '와! 정말 감동적이다'라는 이야기를 들으면 행복해진다.

당신에게 칭찬의 말을 건네는 사람이 친구이든 배우자이든 심리치료사이든 또는 자기 자신이든 명심해야 할 것은, 몽키의 기준이 아니라 당신의 가치, 당신의 전략, 당신의 발전이라는 가장 중요한 목표를 기준으로 칭찬해야 한다는 점이다. 칭찬은 훈련이라는 무거운 기체를 날아오르게 만드는 제트 연료다. 자기 자신에게 인색하게 굴지 않길 바란다. 자신을 칭찬하고 또 칭찬받는 것을 훈련의 일환으로 만들어야 한다. 지금 당장 시작하면 어떨까? 양팔을 교차시켜 어깨 위로 올린 뒤 책을 이만큼이나 읽은 당신을 칭찬하며 자신의 어깨를 토닥여주길 바란다.

멀리 또 높이 날아오르다

....

앞서 훈련을 비행기 이륙으로, 칭찬을 제트 연료로 빗대어 설명한 것을 읽으며 내가 높은 고도로 순항하는 날이 올까? 하는 궁금증이 생겼을 것이다.

물론이다. 언젠가는 구름보다 높은 곳에서 창밖을 내려다보며 과거에는 크게만 느껴졌던 문제가 저 아래 작은 반점처럼 느껴지는 날이 올 것이다. 좋은 주식을 고른 건지 모니터에서 한 시도 눈을 떼지 못하고 확인하던 과거의 행동은 훈련을 거듭할수록 연 단위로 투자 상황을 평가하는 것으로 바뀔 것이다. 회의에서 자신의 의견을 말하기를 두려워했지만 머지않아 하고 싶은 말이 있으면 자신 있게 말할 수 있게 될 것이다. 과거에는 어떤 일이든 남편의 동의를 얻었으나 머지 않아 당신이 진정으로 원하는 일이라면 남편의 반대에도 과감하게 실행할 수 있을 것이다. 밤이 되면 아무런 걱정 없이 스르르 잠이 드는 자신을 깨닫게 될지도 모른다. 그러면 '내가 드디어 해냈어'라는 생각이 들 것이다.

하지만 그런 마음을 버려야 한다. 확장된 삶이란 무한한 도전과 보상이 반복되는 일생의 여정이다. 당신이 훈련을 계속해나가며 얼마나 높이 또 멀리 나아갈지 그 누구도 예측할 수 없다. 칭찬은 힘들게 훈련하는 당신의 연료가 된다. 몽키 마인드셋의 한계를 뛰어 넘는 삶이 어떤 모습이 될지는 오롯이 당신만 알 수 있다. 다만 확장 훈련이 당신에게 어떤 보상을 가져올지는 대략적으로 알려줄 수 있다. 11장에서 알아보자.

point

삶은 끊임없는 도전과 보상의 반복이다. 힘들게 훈련해나가는 자신을 계속 칭찬하며 멀리 또 높이 나아간다.

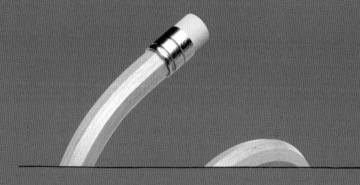

11장
새로운 삶으로 나아갈 것

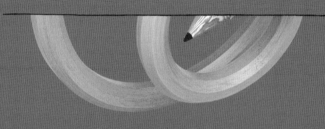

몽키에게 주는 바나나를 끊는 법

불안을 통제하기 위해 했던 행동들이 사실 불안을 지속시키고 있었다는 말로 이 책을 시작했다. 그렇기 때문에 불안을 통제하려 들지 않는다면 불안을 이내 사라질 거라고 설명했다. 이 말은 정확히 무슨 뜻일까?

몽키에게 주기적으로 공급되던 바나나를 끊으면 불안의 사이클은 깨지고 만다. 불안 경보가 울려도 위험이 사실이라는 확인을 받지 못하면 몽키는 당신이 이 상황을 충분히 감당할 수 있다고 여긴다. 몽키의 경보에 반응을 보이지 않을수록 몽키가 날뛰는 횟수는 줄어든다. 몽키에게 바나나를 주지 않으면 불안과 걱정에 덜 시달린다.

평생 몽키의 수다를 잔잔한 BGM 삼아 두려움이라는 링거를 혈관에 꽂고 살았던 사람들에게 불안을 덜 느끼는 삶이란 상상 속에서나 가능한 일처럼 느껴질 것이다. 불안이 사라진 삶이란 도대체 어떤 삶일까?

몽키 마인드셋은 오랜 시간 동안 열심히 쌓고 다진 튼튼한 구조물과도 같다. 이 위에 무언가를 덮어씌우는 것이 가능한 일일까? 긍정적인 사고방식과 태도를 그간 수없이 시도해봤을 것이다. 생각을 바꾼다는 것은 옷을 갈아입고 신발을 바꿔신는 것과는 완전히 다르다. 새로운 사고방식을 익히는 것은 새로운 언어를 배우는 것과 같다. 자주 쓰고 일상에서 부딪히며 경험해야 한다.

사만다처럼 진짜 원초적인 위협과 실제적인 걱정이 있는 상황이라면 더더욱 새로운 사고방식을 활용해야 한다. 아들의 삶을 책임질 필요가 없다는 것을 오래전부터 알고는 있었으나 막상 지키지 못했던 그녀는 아들의 안부를 확인하는 일을 그만두고 자신을 돌보기 시작하면서부터 삶이 달라졌다.

처음에는 아들에게 연락을 못하는 것이 고통스러웠다. 돈을 빌려달라는 요청에 선을 긋는 자신에게 아들이 화를 낼 때는 더더욱 힘들었다. 하지만 사만다는 불편한 마음을 견디고 스스로를 돌보는 자신을 칭찬하며 훈련을 계속 해나갔다.

사만다는 알코올 중독자 가족 모임에 나가 자신과 비슷한 문제를 안고 있는 사람들을 만났다. 내 이야기였을 때는 잘 몰랐지만, 다른 사람들을 보며 한 인간이 타인의 삶을 얼마나 책임질 수 있는지 그 한계가 분명히 보였다. 아들의 삶에 대한 책임감에서 벗어나 자신의 삶을 책임지기 시작한 사만다에게 모임 사람들은 많은 응원과 지지를 보냈다. 새로운 사고방식을 시도한 지 몇 달이 흐르자 사만다의 건강은 눈에 띄게 좋아졌고, 스스로를 위해 무언가를 하는 것도 가능해졌으며 종종 재미와 행복을 느끼기도 했다.

모임에서 아들의 중독 문제를 배운 것이 오히려 사만다에게는 지난 평생 자신을 지배해온 몇 가지 신념을 완벽히 바꾸는 계기가 되었다. 사만다는 자신의 삶에 책임을 져야 하고 아들은 아들의 인생에 책임을 져야 한다는 것을 깨달았다. 건강과 행복처럼 자신이 통제할 수 있는 것들을 자신이 통제할 수 없는 대상, 즉 아들을 위해 희생하지 않기로 결심했다. 아들에게 설사 문제가 생긴다 해도 자신의 책임이나 잘못이 아니라는 생각이 마침내 들었다.

당신이 현재 어떠한 불안이나 걱정을 안고 있든, 몽키가 아닌 당신이 믿는 가치를 바탕으로 한 마인드셋을 장착하고 문제를 대한다면 새로운 경험을 하게 될 것이다. 당신이 믿는 사고방식으로 세상을 이해하기 시작하는 것이다. 새로운 경험이 당신의 의식 안에 통합되어 확장하기 시작한다. 계속 새로운 경험에 노출되다 보면 완벽해야 하고, 확실히 알아야 하고, 모든 책임감을 떠안은 과거의 마인드셋은 무너질 것이다. 자신이 택한 새로운 확장 마인드셋을 진심으로 신뢰하게 되고 나아가 당신 안에 완벽히 새겨질 것이다.

point | 어떤 불안감을 안고 있든 당신의 확장 마인드셋으로 문제를 바라보아야 한다. 지속적으로 훈련하다보면 확장 마인드셋을 신뢰하게 된다.

원하는 삶에 도달하기까지

안전에 편향된 몽키의 사고방식에서 벗어나고, 시도 때도 없이 울리는 위협 경보에 회복력을 갖추면 자신의 큰 목표를 달성하는 데 필요한 위험을 감수할 수 있다. 전에는 바라기만 했던 일들이 현실로 성큼 다가온다.

마리아는 여행을 항상 꿈꿔왔다. 그녀가 가장 소중히 여겼던 가치는 호기심과 즉흥성이었지만 자신이 다니는 병원에서 멀어지는 것이 두려워 여행을 가지 않았다. 하지만 이제는 상황이 달라졌다.

마리아는 신체적 감각을 전보다 덜 불편하게 받아들이게 되었다고 기뻐하며 소식을 전했다. 줄곧 자신의 몸을 살펴며 어딘가 이상이 있는지 찾아보던 행동을 멈춘 것이 도움이 되었다. 또한 불편함을 느껴도 인터넷에 찾아보지 않기로 결심한 것도 일부 작용했다. 걱정에 몰입하지 않자 걱정이 줄어들었고, 전보다 건강해지고 스트레스도 낮아졌다.

신체적 증상을 둘러싸고 불확실성을 견디는 법을 훈련한 후 마리아는 자신의 삶 전반에 깔린 불확실성을 두려워하지 않게 되었다. 투자한 돈이 어떻게 될지 마음을 졸이지 않고, 쇼핑을 할 때도 대담하고 단호하게 결정했다. 이제 그녀가 구글에서 가장 많이 검색하는 것은 여행지 정보로 바뀌었다. 수년간 해안선을 따라서만 항해하던 마리아는 그간 자신이 잃어버렸던 시간을 열심히 만회하고 있다. 그녀는 예전 같았으면 두려워서 엄두도 못냈던 남아프리카에서 한 달간의 여행을 마치고 얼마 전에 돌아왔다. 그녀는 인생은 모험이라는 자신의 가치에 따라 진정한 삶을 살고 있다.

완벽이란 짐을 벗어던질 때
....

완벽주의자들이 그렇듯 에릭은 불가능한 기준을 자신에게 강요했다. 그는 자신이 실수하는 것을 용납하지 못했다. 이렇게 계속 살아간다면 그는 결코 성공을 느끼지 못하고 예상하듯 결국 자기 자신에게도 만족하지 못할 것이었다. 하지만 에릭은 꾸준히 훈련했고, 그 결과 모든 것이 달라졌다.

틀려도 괜찮다고 생각하자 결단력이 높아졌다. 조사에만 매달리며 결정을 미루던 습관이 사라졌고, 그 결과 회사에서 더 많은 일을 처리할 수 있게 되었다. 이제는 진정으로 자신의 일을 사랑하게 되었고, 새로운 변화는 직원들과 소통하고 교류하는 방식에서도 드러났다. 더욱 적극적이고, 분명하며, 진솔하게 사람들을 대했고 덕분에 전보다 훨씬 훌륭한 상사로 인정받게 되었다. 직원들의 일에 개입하는 것을 가능한 피했던 그는 이제 직원들과 직접적으로 소통하며 문제가 될 소지를 미연에 방지해나갔다.

자신감이 커지자 에릭은 확장 훈련을 다른 데도 적용하기 시작했다. 그중 헬스장에 가는 것도 있었다. 여전히 과체중이었지만, 더는 헬스장을 자신이 가서는 안 되는 곳으로 생각하지 않았다. 꾸준히 운동하면서 건강은 물론 자신감도 키워나갔다. 완벽하지 않은 자신을 용서할 수 있게 된 현재의 삶에서 에릭은 훨씬 행복을 느꼈다.

자기 자신에게 연민을 발휘할 수 있어야 타인에게도 연

민을 베풀 수 있다. 누구나 실수를 할 수 있음을 받아들이면 비교와 비난은 무의미해진다. 완벽이란 짐을 벗어던질 때 얼마나 가뿐해질 수 있을지 상상해보길 바란다.

삶의 위기에 맞설 수 있는 회복력

....

만약 무언가 잘못되면 어떻게 해야 할까? 위험을 감수하고자 용기를 냈지만 원하는 것을 결국 이루지 못한다면? 열심히 훈련했지만 원초적인 위협이 당신의 삶에 다시 등장한다면? 아무리 훈련을 한다 해도 직장과 집을 잃거나 사랑하는 사람을 잃게 되는 일까지 막을 수는 없다. 자연재해나 경제난은 우리가 피할 수 있는 일이 아니다.

마리아, 에릭, 사만다 모두 훈련하는 동안 몇 번의 난관을 맞닥뜨렸다. 사만다가 늘 우려했던 것처럼 아들은 결국 병원신세를 지게 되었다. 에릭은 문제를 일으킨 직원을 해고해야 했고 친구와의 우정까지 잃고 말았다. 마리아가 느낀 몇몇 증상은 실제로 병원 치료를 요하는 질병으로 밝혀졌다. 하지만 세 사람은 위험 부담이 낮은 상황을 확장의 기회로 삼아 꾸준히 훈련을 계속한 덕분에 기대 이상으로 회복력을 단련할 수 있었고, 그 결과 큰 아픔과 상실의 순간도 잘 이겨내었다.

불가피한 감정을 견디는 능력은 초능력과도 같아 불가능하다고 여겼던 일에도 과감히 도전할 수 있게 해준다. 회복력을 갖추면 그 어떤 위협도 감당할 수 있다. 회복력을 단련하는 과정에 익숙해지면 훈련을 반복하는 것이 지겨워질수도 있다. 그러나 작은 훈련이 모여 삶의 기복에 맞설 수 있는 회복력을 길러준다. 회복력은 나쁜 일이 벌어졌을 때 굳건히 중심을 잡아주는 힘이다. 허리케인이 몰아쳐도 고요한 중심에서 확장 마인드셋과 회복력으로 흔들림 없이 버틸 수 있다.

point

회복력은 우리에게 나쁜 일이 벌어졌을 때 굳건히 중심을 잡아주는 힘이다. 회복력이 높아지면 안전지대에서 벗어나 삶이란 모험을 흔들림 없이 살아갈 수 있다.

즐거운 감정에 매몰되지 않아야 하는 이유

당신에게 찾아오는 감정과 감각을 호흡으로 기꺼이 받아들이는 훈련을 계속하다 보면 전혀 예상치 못했던 무언가를 마주하게 될 것이다. 바로 긍정적인 감정이다.

고통과 기쁨은 우리의 몸 안에서 같은 혈관을 타고 이동하고, 두뇌에서 같은 회로를 통해 전달된다. 호흡으로 몸을 활짝 열고 고통을 받아들이고자 할 때 기쁨이 자리할 공간까지 만들 수 있다. 확장 마인드셋을 갈고 닦으며 고통스러운 감정이 신체적으로 나타나는 과정을 받아들이면 고통만이 아니라 즐거운 감정에 대한 신경회로가 만들어진다.

자신의 가치에 따라 행동할 때 상실로 인한 고통을 더욱 잘 견뎌낼 수 있을 뿐 아니라 오랫동안 잊고 살았던 긍정적인 감정 또한 되살아난다. 새로운 것을 발견하는 즐거움, 자립심을 발휘하며 느끼는 자부심, 따뜻한 연민의 마음, 즐거움에 대한 욕망, 자기표현에 대한 열정, 관대함에 감사하는 마음, 모험을 향한 사랑 등은 그저 형이상학적인 개념에 그치지 않는다. 당신이 온몸으로 경험할 수 있는 생생한 감정이다.

한 가지 주의할 점은 즐거운 감정에 지나치게 매몰되거나 좇으려 해선 안 된다. 행복만 좇는 것은 몽키에게 먹이를 주는 행위다. 불쾌한 감정이 머물다 사라지듯 좋은 감정 또한 당신 안에 머물다 흘러갈 수 있도록 놓아주어야 한다. 삶을 확장해나간다면 행복한 감정은 앞으로도 많이 느끼게 될 것이다.

현재에 머물다

....

어쩌다 보니 지금 이 글을 비행기 안에서 쓰고 있다. 몇 시간 전 공항 내 교통안전국 검문소에 입장하자 검색대가 총 다섯 개가 보였고, 그중 하나를 골라 줄을 섰다. 탑승까지 시간도 여유로웠음에도 줄을 서자 긴장감이 느껴졌다. 왼쪽 줄이 내가 서 있는 줄보다 훨씬 빠르게 움직였고, 내 뒤에 있던 사람들이 나보다 앞서 가고 있었다. 억울함과 동시에 줄을 잘못 선택한 내 자신이 한심하기까지 했다. 내 안의 몽키가 바삐 움직이고 있었다. 다른 사람들이 나보다 훨씬 앞서 나가는 것이 내 사회적 위치에 대한 '위협'으로 느껴졌다.

하지만 여기서 정말 위험에 처한 것은 다른 무엇도 아닌 내 삶의 질이었다. 몽키의 경보에 계속해서 귀를 기울였다면 내내 스트레스를 받고, 짜증과 수치심에 시달렸을 것이다. 대신 나는 이렇게 생각하기로 했다. '오예! 확장 훈련을 할 수 있는 기회가 찾아왔네.' 하나의 상징처럼 나는 손을 펴고 다른 사람들이 나보다 빨리 가도 괜찮다고 마음을 다독였다. 깊게 웰커밍 호흡을 하며 가슴에 느껴지는 긴장을 풀고 다른 사람들에게서 느꼈던 경쟁심을 흘려보냈다. 나는 몽키에게 내가 이 '위협'을 해결할 수 있다는 메시지를 보냈다. 바나나와 함께 주도권을 되찾았다. '당연히 이래야 한다'는 몽키 마인드셋에서 벗어나자 '현재의 상황'을 온전히 받아들일 수 있었다. 회복력을 발휘해 불가피한 감정이 제 할 일을 마치고 사라지도록 두자 이내 마음에 평화가 찾아왔다.

이 책에 '지금의 순간', '평화', '현재에 머물기'와 같은 단어를 가능한 쓰지 않으려고 노력했다. 영성적이고 정신적인 어감이 담겨 있는 단어들이고, 영적 스승처럼 굴고 싶은 마음도 없었기 때문이다. 하지만 심리적, 영적 방법을 다양하게 경험해보니 이 책에 소개된 방법과 영성 지도자들이 말하는 방법이 이름은 달라도 본질적으로 개념은 동일하다는 것을 깨달았다.

불교 지도자인 신젠 영Shinzen Young은 괴로움을 '고통×저항'이라는 수식으로 설명했다. 대다수의 사람들이 동의할 것이다. 고통에 저항했고 그로 인해 괴로움을 느꼈던 경험이 다들 충분할 테니 말이다. 나는 이 수식을 조금 변형해 내가 이 책을 통해 당신에게 전하고 싶은 메시지를 표현하고자 한다.

불안 × 웰커밍 = 회복력

불안을 받아들이고 회복력을 길러야 한다는 메시지를 전하고 싶다. 불안에 대한 회복력을 갖출 때 삶의 매 순간 평화가 깃들고 현재의 순간을 온전히 받아들이는 것이 가능해진다.

확장 훈련이 당신의 라이프스타일로 자리 잡길 바란다. 자신의 가치를 살피고, 난관과 불안은 기회로 삼아 전화벨이 울리면 전화를 받고, 누군가 노크를 하면 문을 여는 것처럼 확장 전략을 아주 자연스러운 습관이자 일상의 일부로 만들길 바란다. 매일같이 조금씩 훈련을 해나갔던 경험이 모여 당신의 삶에 깜짝 놀랄 만큼 멋진 변화를 불러올 것이다.

당신이 얼마나 멀리까지 나아갔든 자신의 세계를 얼마나 확장했든 당신 곁에는 경계를 늦추지 않고 서 있는 몽키가 있음을 명심해야 한다. 아무리 드넓은 땅이라도 국경선이 있기 마련이다. 선을 넘으면 더는 안전을 보장할 수 없다. 그 경계에 가까워질수록 익숙한 것들이 떠오르기 시작한다. 위협 감지, 부정적인 감정, 확신에 대한 갈망, 완벽주의, 타인을 향한 과도한 책임감 말이다. 안전한 구역으로 몸을 숨기고 싶다는 생각이 들 것이다.

하지만 이런 상황에서 무엇을 해야 할지는 당신도 알고 있다. 깊이 웰커밍 호흡을 한 후 고마워, 몽키! 인사를 전하는 것이다. 그렇게 새로운 경험과 배움의 땅으로 한 걸음 나아가면 된다.

point 자신의 가치를 살피고, 난관과 불안을 기회로 삼아 확장 전략을 자연스러운 습관이자 일상의 일부로 만들길 바란다.

확장 차트는 확장 훈련을 한눈에 볼 수 있도록 정리한 표다. 당신에게 중요한 가치나 당신이 불안해하는 주제를 정해서 차트를 작성해본다. 불안이 엄습해올 때마다 작성한 확장 차트를 꺼내어 읽으면 불안을 벗어나는데 큰 도움을 받을 수 있다.

걱정과 불안에서 벗어나는데
도움이 되는 확장 차트

기회 :

_____

가치 :

몽키 마인드셋	확장 마인드셋
• _____	• _____
• _____	• _____
• _____	• _____
• _____	• _____
• _____	• _____
• _____	• _____

안전 전략	확장 전략
• _____	• _____
• _____	• _____
• _____	• _____
• _____	• _____
• _____	• _____
• _____	• _____

불가피한 감정 :

기회 : _____

가치 :

몽키 마인드셋	확장 마인드셋
• _____	• _____
• _____	• _____
• _____	• _____
• _____	• _____
• _____	• _____
• _____	• _____

안전 전략	확장 전략
• _____	• _____
• _____	• _____
• _____	• _____
• _____	• _____
• _____	• _____
• _____	• _____

불가피한 감정 :

기회 : _____

가치 : _____

몽키 마인드셋

- _____
- _____
- _____
- _____
- _____
- _____

확장 마인드셋

- _____
- _____
- _____
- _____
- _____
- _____

안전 전략

- _____
- _____
- _____
- _____
- _____
- _____

확장 전략

- _____
- _____
- _____
- _____
- _____
- _____

불가피한 감정 :

기회 : _____

가치 :

몽키 마인드셋	확장 마인드셋
·	·
·	·
·	·
·	·
·	·
·	·

안전 전략	확장 전략
·	·
·	·
·	·
·	·
·	·
·	·

불가피한 감정 :

작은 일에도 마음이 흔들리는 당신에게 필요한 심리 기술

내 마음이 불안할 때

초판 1쇄 발행 2021년 8월 20일

지은이 제니퍼 섀넌
옮긴이 신솔잎

책임편집 이가영
디자인 Aleph design

펴낸이 최현준·김소영
펴낸곳 빌리버튼
출판등록 제 2016-000166호
주소 서울시 마포구 월드컵로 10길 28, 202호
전화 02-338-9271 I **팩스** 02-338-9272
메일 contents@billybutton.co.kr

ISBN 979-11-91228-64-9 03180